지도자의
격

지도자의 격
'결'을 넘어 '격'으로

초판 1쇄 발행 2025년 1월 1일

지은이 박강순
펴낸이 장길수
펴낸곳 지식과감성#
출판등록 제2012-000081호

교정 이주연
디자인 서혜인
편집 서혜인
검수 김지원, 이현
마케팅 김윤길, 정은혜

주소 서울시 금천구 벚꽃로298 대륭포스트타워6차 1212호
전화 070-4651-3730~4
팩스 070-4325-7006
이메일 ksbookup@naver.com
홈페이지 www.knsbookup.com

ISBN 979-11-392-2328-6(03320)
값 20,000원

- 이 책의 판권은 지은이에게 있습니다.
- 이 책 내용의 전부 또는 일부를 재사용하려면 반드시 지은이의 서면 동의를 받아야 합니다.
- 잘못된 책은 구입하신 곳에서 바꾸어 드립니다.

지식과감성#
홈페이지 바로가기

지도자의 격

박강순 지음

'결'을 넘어 '격'으로

지도자들의 필수지침서

대한민국 지도자 마인드셋

국내1호 도장 창업 최초 시리즈

국내 1호 도장 창업 | 지도자를 위한 서적

《지도자의 결》 저자의
단계별 스킬 업 전략 시리즈

"결"을 넘어 "격"으로

들어서며

2023년 1월 1일 태권도계의 흔하지 않은 작가로 지도자들을 위한 책, 도장 창업 및 운영에 관한 참고서 《지도자의 결》을 출간했습니다.

많은 부수를 인쇄하지는 않았어도 적지 않았던 책은 감사하게도 한국, 미국, 중국, 캐나다, 싱가포르 등 많은 지도자분들에게 전달되었고 전국 대형 서점과 온라인 그리고 오프라인을 통해서 다양한 지도자들을 만나며 현재는 절판되었습니다.

《지도자의 결》은 지도자를 꿈꾸고 있는 예비 지도자부터 나이와 상관없이 현장에서 활동 중인 지도자들이 스텝업을 할 수 있는 참고서와 같은 책이었습니다. 하나의 글이라도 누군가에게 힘이 된다면 그것만으로도 감사하다 생각했습니다. 이번 책 또한 그런 마음을 나누고자 "품격과 실력, 시스템, 마케팅, 브랜딩, 운영 노하우, 가이드라인(개정 편)" 등 현장에서 사용 가능하며 지도자의 품격을 높일 수 있는 《지도자의 격》으로 2년 만에 찾아뵙게 되었습니다.

《지도자의 격》과 《지도자의 결》은 단 한 글자 차이지만 이 작은 차이의 힘이 가장 핵심이 되는 무기이고 방향이 될 수 있다고 전합니다.

말 한마디라도 친절하게 하는 것, 따뜻하고 다정하게 하는 것, 이런 작은 것들의 힘은 느껴 본 사람만이 그 품격의 힘을 이해합니다.

'결'이 시작하는 마음을 나타낸다면 '격'은 능력과 실력, 품격을 나타냅니다. 마음을 넘어 실력이 필요한 이유는 분명합니다. 우리는 지속적인 운영을 위해서 마음만으로는 부족하다는 것을 알고 있습니다. 《지도자의 격》은 이론적 바탕과 현장에서 적용할 수 있는 것들로 구성하였고 인사이트를 얻을 수 있는 실제 사례들을 이야기 형태로 풀어 이해에 도움을 드리고자 노력했습니다.

《지도자의 격》 본문 중 가장 임팩트 있는 결정체로는 나이키의 'JUST DO IT'입니다. 마음은 태산 같은데 실천이 없으면 공허함만 남을 뿐입니다. 이런 시간이 길어질수록 생각과 마음은 커져 가는데 실천은 더디고 아예 시도도 못 하는 날들이 스스로를 더 괴롭게 만듭니다.

어느 프로에서 하하 씨가 힘들어할 때, 유재석 씨의 조언이 생각이 납니다.
"동훈아, 아무것도 안 하면 널 도와줄 수 없어.
욕먹는 거 두려워하지 마.
그냥 오는 비는 맞아야 해.
네가 액션을 해야 형이 뭐라도 도와줄 것 아니야.
아무것도 하지 않으면 아무것도 도와줄 수 없어."

노력했다는 것을 알았기에 이런 조언을 했으리라 생각합니다. 우리도 나쁜 행동이 아니라면 행동으로 옮기는 것 자체가 스스로에게 도움이 되고 또 다른 누군가로부터 기회를 얻는 행동이기도 합니다. 그런 의미에서도 《지도자의 격》을 통해 방향 설정은 물론 추진력을 발휘하는 시간이 되기를 바랍니다.

책을 집필하는 시간이 여유롭지는 않았기에 새벽을 놓치면 하루를 놓치는 일과로 하루 18시간 교육과 업무, 집필을 병행했습니다. 《지도자의 격》 이후 강사 및 멘토, 심사 위원으로도 활동을 했고 지역 신문 기사, 여러 단체 및 대학교 강의, 세미나, 무술/무도 단체의 회장, 총재, 운영 중인 지도자, 창업자들을 대상으로 1 대 1 멘토링까지 탁상공론이 아닌 지도자 대 지도자로 함께 성장하기 위해 최선을 다했습니다.

그리고 이 과정에서 주변의 많은 지도자들이 시간과 실력 앞에 무너지는 것을 목격했고 도장을 폐업하거나 인수를 넘기기도 했습니다. 여러 가지 어려움 속 결과가 뻔한 운영법에 노후는 보장되지 않아 보였습니다. 축 처진 어깨에 다람쥐 쳇바퀴 돌 듯 매너리즘에 빠진 모습, 불안하고 조급한 운영 방식까지 결코 성장에 도움이 되지 않는 모습들을 보이며 많은 지도자분들이 시대적 방향에 힘들어했습니다. 곁에서 직접 보며 충격은 적지 않았기에 '지도자의 격'을 높이기 위한 시간은 반드시 필요하다 느꼈습니다.

사람이 게으름이라도 부리면, 최선을 다했을 때 결과가 달라질 것이라는 미련이라도 있을 텐데 최선을 다했다는 생각이 든 순간에도 안됐다고 느낄 때 사람은 정말 힘들어하는 것 같습니다.

시간 앞에 인간은 모두 평등하지만 시간은 인간에게 가장 가혹한 벌이 될 수 있다는 것을 이해해야 합니다. 감옥에 인간의 시간을 가두는 것이 가장 가혹한 벌인 것처럼 시간이 많은 것을 해결해 주면서도 무서운 것이기도 합니다. 과거 아무리 잘되던 곳도 현재는 없어진 곳이 많고 연명하는 정도로 운영하는 곳도 많습니다. 시간이 흐르고 보면 정답은 없고 방법만 있을 뿐 방법을 증명하면 시대적 정답이 될 수 있다는 자신감이 우리에게는 필요합니다.

노력과 노하우가 담긴 《지도자의 격》을 통해 품격 있는 지도자로 존중받고 존경받으셨으면 합니다. 책 한 권이 다수의 사람에게 다가가며 소통할 수 있다는 감정은 단순한 기쁨을 넘어섭니다.

마음만이 아닌, 품격 있는 '격'으로 삶이 변화할 수 있기를 진심으로 응원합니다. 저 또한 오늘도 현장에서 지도자로서, 운영자로서 소중한 제자들을 맞이하고 지도합니다. 지도자가 무너지면 도장도 무너집니다. 품격은 우아한 척 가만히 앉아 있는 것이 아닌 개인의 노력을 넘어서 실천하는 것입니다.

불편에서 기회가 보이며, 변화에서 또 다른 기회를 만듭니다. 수많은 지도자들의 비슷함은 차별화를 만들 수 있는 기회이기도 합니다.

지도자에게 예를 갖출 수는 있어도 존경이 없다면 따르는 이가 줄

어듭니다. 결국 '격'을 갖추지 못하면 서로에 대한 예를 갖추다 시간 앞에 무너질 수 있다는 것을 기억하시면 좋겠습니다. 마음만으로 부족했던 결에서 격으로 승격하는 지도자로, 품격 있는 지도자가 되어 승승장구하는 그런 날을 맞이하시길 바랍니다.

2024년 12월 31일

지도자의 "결", 지도자의 "격"

박 강 순

추천사 / 응원의 글

- **중국 왕해성**
  - 동영박성교육자문유한회사 대표

중국인으로서 박강순 대표와 알게 된 16년 동안 가장 인상 깊었던 것은 박강순 관장의 일과 삶에 대한 집념과 사랑이었습니다. 특히 박 관장은 이 지역 국제문화교류에 대한 한국 최초의 사람으로서 십여 년간 한중 태권도 교류의 첫걸음을 용감하고 대담하게 내딛어 한중 양국의 태권도 교류에 기여한 공로로 여러 차례 중국 각 도장에 명예 관장으로 초빙되었으며, 중국 국립 산둥과기직업대학교에 지도사범으로 초빙되었습니다. 박 관장의 지속적인 발전을 기원합니다.

- **올림픽 영웅 문대성**
  - OCA(아시아올림픽평의회) 집행 위원
  - 사) 세계올림픽태권도연맹 이사장

새해의 시작과 함께 또 한 권의 아주 값진 책이 세상에 나오는 것을 축하합니다.

《지도자의 격》은 태권도 외길을 한결같이 걸어온 저자의 올바르고 참된 격을 담아낸 책으로, 끊김 없는 열정과 지도자로서의 끊임없는 노력이 빚어낸 결실이라 생각합니다.

이번 책은 지도자로서 그동안 쌓아 온 경험을 바탕으로 더 깊이 있는 통찰과 넓은 시각을 담았으며, 많은 이들이 삶의 새로운 지표를 찾는 데 도움을 주는 훌륭한 지침서가 될 것입니다. 지도자로서 걸어온 저자의 헌신적인 여정이 세상에 전해지는 특별한 시간입니다.

이 책을 접할 모든 독자들에게 새롭게 도전할 용기와 지도자로서 또 다른 격을 갖출 수 있는 뜻 깊은 시간이 되길 바랍니다.

지도자로서 새 발걸음을 옮기는 젊은 미래 세대에게 이 책이 빛나는 길잡이가 되길 기원합니다.

- **싱가포르 윤대웅**
  - 조한 태권도 팀 외인 싱가포르 &
    한국 CEO, Principal 윤대웅 사범

박강순 사범님의 대단하고 끝이 없는 도전을 멀리서나마 응원합니다. 《지도자의 격》 박강순 사범님 존경합니다.

- **강경태**
  - 한양대대호태권도장 대표

옆에서 지켜본 저자는 현장의 수많은 경험과 여러 지도자들을 교육하며 저자만의 시스템을 통해 저자만의 교육, 경영 방식을 발전시켜 왔습니다.

저자가 구축한 시스템은 단순히 질서를 정리하는 것이 아니라 태권도장의 성공을 이끌어 내고 도장 경영의 효율성을 극대화하는 열쇠를 만들어 가고 있습니다.

    이 책은 구체적이고 시대에 맞는 시스템을 제시하며 이 시스템은 단순한 관리 도구가 아닌 태권도장을 효율적으로, 성공적으로 경영하는 데 있어 아주 중요한 요소임을 설명합니다.

    더 나아가 안정적인 성장을 이끌어 낼 수 있는 로드 맵을 제공합니다.

    현장에서 길을 잃은 지도자, 방향이 필요한 지도자 그리고 태권도장 경영을 꿈꾸는 예비 지도자들에게 올바른 길을 안내할 것입니다.

    《지도자의 격》은 태권도장 운영과 시스템의 구축 그리고 지도자가 가져야 할 자질이 어떻게 이루어져야 하는지 알려 주며 단순히 이론적인 가이드가 아닌 현장에서 실제로 큰 효과를 발휘하는 실전적인 지침서이기에 이 책을 적극 추천합니다.

- 윤성민
  - 유튜브 '윤팀장TV' 운영
  - (주) 3030영어 이사

    지금까지 누적 5,000명의 학원장님, 학원 강사님을 직접 만나 왔고, 그중 상위 1% 원장님들의 운영 노하우를 소개하는 채널을 운영하고 있습니다. 그리고 박강순 사범님과 만나 대화를 나눠 보니 알겠더군요. 상위 1% 원장님들의 모든 운영 노하우를 알고 계시네요. 그리고 이 책에 그 모든 노하우가 담기지 않길 바랍니다. 그건 천기누설과도 같거든요. (사실 제 밥줄이기도 하고….)

- **이경중**
  - 도복소리 대표

《지도자의 결》을 넘어 《지도자의 격》의 출간을 진심으로 축하드립니다.

"지도자들이 반드시 경험해야 할 케이스 스터디."

어쩌면 당연시하면서도 쉽게 넘어가 버린, 하지만 지도자로서 반드시 갖춰야 할 소양들이 담긴 고귀한 지침서가 될 것 같습니다.

태권도장을 운영하는 데 높은 벽을 마주하게 되었다면, 해답은 이 책에 있을 겁니다.

- **태권도과학연구소 연구소장 박장기**

태권도 지도자의 표준을 높여 준 박강순 대표의 첫 번째 저서 《지도자의 결》에 이어 《지도자의 격》의 출간을 진심으로 축하드리며, 태권도인으로서 고마운 마음과 존경의 마음을 전합니다. 변화된 시대의 교육자(지도자)는 지식, 정보, 기술을 전달하는 역할에서 학생(수련생)의 행동의 변화를 이끌어야 하는 '행동 디자이너' 역할까지 해야만 한다고 봅니다. 이번 저서가 태권도 지도자들에게 그 지표가 되어 줄 것으로 믿습니다. 지도자의 '격'뿐만 아니라 제자(수련생)의 '격'까지 높여 줄 책으로 추천합니다.

- **오윤철**
  - 미국 탑클래스태권도 대표

새로운 도서 출간을 축하드립니다.

태권도장 운영의 핵심인 수련생들에게 태권도를 지도하는 지도자! 지도자의 교육 철학이 녹아 스며드는 수업!

《지도자의 격》이 결국 태권도장의 흥망을 결정한다고 생각합니다.

성공적인 태권도장 운영의 핵심인 《지도자의 격》을 제대로 알고 배우며, 제자들에게 신체적 교육과 더불어 정신적 교육에도 큰 보탬이 될 지침서가 되어 줄 거라 믿습니다.

박강순 대표님의 귀한 경험과 노하우가 고스란히 스며들어 있는 《지도자의 격》 출간을 진심으로 축하드립니다.

- **신화강**
  - 국내 최강팀 개신초등학교 코치

먼저 박강순 사범님의 지도자를 위한 시리즈 출간을 축하드립니다.

익숙해진 일상과 만족하는 삶에 조금은 나태해진 나의 모습을 반성하는 시간을 갖게 됩니다.

지도자로서 다시 한번 나를 되돌아보게 되네요.

꾸준하게 생각하고 연구하는 박강순 대표님 응원합니다!

• 삼성 장용건

  수십 년 전 군대에서 마주했던 '결'이 다른 저자는 이제 '격'을 갖춘 지도자가 되었습니다.

  그는 제가 '사람이 이렇게까지 노력할 수 있을까?'라는 의문을 품게 한 유일한 사람이었습니다.

  이 책이 그 답은 '격'에 있었음을 일깨워 줍니다.

  어쩌면 우리 모두 알고 있었으나 외면해 왔던 답일지도 모릅니다. 심지어 노력도 재능이라는 말로 합리화하기도 했겠죠.

  이런 변명 속에 머무는 우리에게 '격'은 채찍이 아닌 연료가 되어, 멈춰 선 마음에 불을 지펴 더 높고 먼 곳을 향해 나아가게 할 것입니다.

• 정영훈
  - 광주 VTA비전태권도장 대표

  《지도자의 결》에 이은 또 하나의 지도자 필독서가 출간된다는 소식에 기쁨과 설렘이 함께합니다. 지도자로 살아갈 기나긴 여정에 길라잡이가 될 또 하나의 지침서 《지도자의 격》!

  오늘보다 빛나는 내일의 성장을 꿈꾸는 지도자들, 그들의 마인드와 행동을 다음 단계로 '격'상시켜 줄 《지도자의 격》!

  해마다 성장을 거듭하는 이루다의 박강순 대표님의 메시지는 격이 다른 지도자로 거듭날 분명한 방향과 길을 제시해 줄 것입니다!

• 박성광
  - 온리원 태권도 & 온리원 카페 대표

안녕하십니까, 박성광 온리원 태권도장을 운영하고 있는 관장 박성광입니다. 성공적인 태권도장 운영에는 정답이 없는 것 같습니다. 하지만 늘 고민하고 방법을 찾고 꾸준히 노력해야 한다는 것은 확실합니다. 이걸 직접 보여 주시는 대표적인 분이 박강순 관장님이라고 생각하며 지도자들을 위해 책을 통해 또 한 번의 선한 영향력을 전해 주시는 것에 진심으로 존경을 표합니다! 박강순 관장님의 시간은 다르게 흐르는 것 같습니다. 항상 엄청난 결과물들을 묵묵히 만들어 가시는 모습을 앞으로도 옆에서 응원하며 배워 나가고 싶습니다. 두 번째 책 출간 진심으로 축하드립니다!

• 정종민
  - 캐나다 랭리태권도, 킹태권도장 대표

6.25 전쟁 이후의 어려움 속에서 대한민국을 오늘날처럼 잘사는 나라로 만들어 주신 부모님 세대의 헌신과 노력이 있었습니다. 이제, 대한민국이 현재의 위치에 안주하지 않고 더 발전하기 위해서 더 나은 교육과 경험을 가진 우리 세대가 새로운 방법과 역할로 나아가야 할 때입니다.

태권도장을 예로 들자면, 과거의 《지도자의 결》은 막연히 '잘하고 싶다'는 열망을 가진 이들에게 기본적인 방향성과 가르침을 제공했다고 볼 수 있습니다. 반면,《지도자의 격》은 현재의 성취에 머무르지 않고 더 높은 수준으로 성장하고자 하는 지도자들에게 필요한 구체적인 지침과 비전을 제시합니다. 이 책은 지도자로서 자신의 한계를 넘어 미래로 도약하고자 하는 모든 분들에게 큰 영감과 실질적인 도구를 제공합니다. 지금까지 쌓아 온 성취를 바탕으로 한 단계 더 성장하고 싶다면, 이 책은 반드시 읽어야 할 필독서입니다.

- **이정우(킥리)**
  - 태권명가 대표(유투브 킥리)
  - 경일대 태권도시범단 지도교수

《지도자의 결》에 이은 박강순 대표님의 2번째 저서《지도자의 격》의 출간을 진심으로 축하드립니다. 태권도 지도자는 제자들에게 삶으로써 모범을 보여야 하는 존재이기에 매우 중요합니다. 대표님의 삶에서의 다양한 행보는 많은 이들에게 긍정적인 영향을 주고 있으며 2번째 저서 역시 매우 기대가 됩니다. 젊은 태권도 사범님이 꼭 정독했으면 하는 기대와 저 역시도 자신에 대해 다시 돌아보는 계기가 된 것 같습니다. 태권도 지도자의 멋진 삶을 함께 공유할 수 있어 저 역시 언제나 기대와 설렘이 가득합니다.

박강순 대표님의 삶과 생각을 담은 2번째 저서 역시 많은 이들에게 좋은 영향을 줄 것이라 확신합니다. 말로써 지도하는 것이 아닌 지도자로서의 올바른 격을 갖추고 삶으로써 모범을 보이는 것. 태권도 지도자의 가장 중요한 부분을 공유해 주심에 진심으로 감사드립니다.

• 박범진 사범

– 태풍태권도장 대표

'격'이라는 말에는 큰 무게감이 느껴집니다. 본인 '업'의 능력에 대한 자신감 그리고 삶에 있어서의 품격이 떠오르네요. 태권도 수련생들의 몸과 마음의 성장과 건강을 위해 늘 노력하는 《지도자의 격》이라니. 제목만으로도 저자의 깊은 마음이 전달되는 듯합니다. 소중한 글귀 하나하나 새기면서 읽을 그날을 기다리며 많은 분들에게 읽히는 책이 되길 바라는 마음을 전합니다. 출판 축하드립니다.

• 강명구

– 태무강울 태권도장 대표

《지도자의 격》이 출판된 후 현재 이루다 수청점 2관 오픈을 통해서 책의 내용을 실제로 보여 주시는 박강순 대표님. 무엇이든 말뿐이 아닌 결과로 보여 주시는 분이시기에 《지도자의 격》 또한 믿음과 신뢰가 가득합니다. 대한민국의 모든 지도자분들에게 필요한 필독서! 꼭 읽어 보시길 바랍니다.

• 김지민 사범

박강순 관장님의 《지도자의 결》은 길을 안내해 주는 방향과 같은 책이었다면 이번 《지도자의 격》은 그 길을 걸을 수 있는 지도자의 자격에 대해 말씀해 주시는 것 같습니다.

박강순 관장님의 제자에서부터 지도자가 되기까지 곁에서 지켜봐 온 관장님의 모습은 한결같이 자리를 지키는 뿌리 깊은 나무와 같다는 생각을 합니다. 어떤 질문에도 방법이 없다 말하지 않고 찾아 보자는 답변, 단단한 버팀목이 되어 관장님 곁에서 지도자 생활을 한다는 것에 너무나도 감사한 마음을 가지고 있습니다. 이 책은 모든 지도자분들에게 큰 힘이 될 것이라고 생각합니다.

- **조영**
  - 주한미군 공식 사범단
  - 국제문화교류 아카데미 총연합회

《지도자의 결》에서 기대했던 박강순 관장님의 깊은 내면의 아름다움과 혜안을 책을 통해서 깨닫게 되고 새벽부터 그다음 날 자정 넘어서까지 이어지는 강행군 속에서도 《지도자의 격》을 출간하신다는 소식에 늘 습관처럼 바쁘다고 말하고 다녔던 제 자신을 더욱 반성하게 되었습니다.

빈틈없이 오직 계획과 실행으로 눈부신 성공 가도를 달려오신 저의 형제 박강순 관장님의 《지도자의 격》의 출간이 더욱 기대되고 설레는 이유입니다. 출간되자마자 필히 완독하겠습니다. 파이팅!

- **양지운**
  - 아토태권도 대표

《지도자의 결》에서 《지도자의 격》까지 실제 태권도장을 운영하는 지도자로서 남들과 다른 격을 지닌 박강순 관장님의 교육관과 운영 철학을 통해 태권도장을 운영하는 많은 지도자들이 가져야만 하는 격을 향상시키는 좋은 책이 나왔다고 생각합니다. 태권도 지도에 치중되어 운영에 어려움을 느끼시는 많은 지도자분들에게 큰 도움이 될 정말 선물 같은 책이라고 장담합니다. 앞으로도 많은 태권도 지도자들에게 좋은 롤 모델로 자리매김할 박강순 관장님을 응원하며, 《지도자의 격》이라는 책으로 함께 발전할 많은 관장님, 사범님들을 응원합니다.

- **진승호**
  - 탑클래스 영어태권도 관장 진승호

박강순 관장님의 두 번째 저서, 《지도자의 격》을 추천하게 되어 매우 기쁩니다. 첫 번째 저서인 《지도자의 결》에 이어, 이번 책은 태권도 지도자로서의 깊은 통찰과 경험이 고스란히 담겨 있습니다.

태권도를 통해 수많은 태권도인들에게 선한 영향력을 미치며, 그들의 성장과 발전에 헌신하고 계십니다. 그의 열정과 헌신은 단순한 지도자를 넘어, 진정한 멘토로서의 역할을 다하고 있습니다. 이러한 관장님의 비전과 가치관은 이 책에서 더욱 생생하게 전달됩니다.

《지도자의 격》은 태권도인뿐만 아니라 모든 지도자에게 필요한 리더십의 본질과 그에 따른 책임을 깊이 있게 탐구합니다. 또한, 각 장마다 실질적인 조언과 사례를 통해 독자들이 자신의 지도 철학을 정립하고, 보다 나은 리더가 되도록 이끌어 줍니다.

박강순 관장님의 따뜻한 마음과 깊은 지혜가 담긴 이 책은 태권도를 사랑하는 모든 이들에게 큰 영감을 줄 것입니다. 태권도 지도자, 그리고 리더로서의 길을 걷고 있는 모든 분들에게 이 책을 강력히 추천합니다.

이 책이 여러분의 성장과 발전에 큰 도움이 되기를 바라며, 박강순 관장님의 지속적인 여정에 많은 응원과 지지를 보냅니다.

• 염근진
- 청주 팔라시오 축구 아카데미 대표

박강순 대표님의 《지도자의 격》 필독서가 출간된다는 소식을 전해 듣고 축하드린다는 말씀을 드립니다.

언제나 멈추지 않고 노력하시며 발전하는 모습이 아름답고 그 노력들이 대한민국의 중심으로 앞장서서 모두에게 교훈이 되며 힘이 될 것입니다. 항상 응원하겠습니다!

• 전창한
- La Luce Chamber Orchestra 지휘자 전창한

좋은 지도자의 모습을 삶으로 보여 주는 박강순 관장님의 두 번째 책인 《지도자의 격》은 단순히 태권도의 기술적인 부분에 관한 이야기를 넘어서, 진정한 지도자로서 갖추어야 할 마음가짐과 품격에 대해 다루고 있습니다. 미국에서 수없이 많은 연주자들과 함께 리허설을 하고 연주하는 시간들을 통해 알게 된 지도자의 역할은 기술적 능력의 탁월함을 넘어서 깊은 신뢰와 존중을 바탕으로 구성원 개개인의 잠재력을 이끌어 내야 하며, 함께 성장할 수 있는 환경을 만드는 사람이어야 한다는 것을 깨달았습니다. 《지도자의 격》은 그런 깊은 신뢰와 존중을 어떻게 쌓아 가야 하는지, 또 어떻게 단체를 성장시킬 수 있는지에 대한 실질적인 방법들을 가르쳐 줄 것입니다. 그리고 특히 태권도라는 무도의 세계에서 지도자의 '격'을 갖추는 일은 기술과 철학이 결합된 매우 중요한 부분이라고 생각하는데, 이 책에서는 태권도 지도자를 포함한 모든 분야의 지도자들이 그에 맞는 실력과 품격을 어떻게 갖출 수 있는지에 대한 구체적인 방법들을 명확하게 제시하고 있습니다.

리더십은 단지 사람들을 이끌어 가는 것만이 아니라, 진정한 변화와 성장을 가능하게 하는 능력이므로, 박강순 관장님이 공유하는 경험과 지혜가 모든 리더들에게 중요한 가르침이 될 것이라 확신합니다. 이 책을 통해 다시 한번 자신을 돌아보고, 더욱 높은 품격의 지도자들이 되기를 바랍니다.

- **함홍규**
  - 원주 이루다태권도 관장

《지도자의 결》이란 책을 통하여 태권도장 운영에 많은 도움으로 현재까지 계속 상승 중에 있으며, 그다음 《지도자의 격》이란 책이 또 나온다고 하니 한층 더 발전될 수 있다는 생각이 듭니다. 새로운 도전을 시작하는 관장님들, 현재 도장을 운영하고 계신 관장님들에게는 정말 중요한 나침반이 될 수 있는 책이 될 것 같습니다. 이루다태권도 파이팅!!!

- **우동훈**
  - 세계무도아카데미/인천 차차차태권도

훌륭한 지도자의 '결'과 '격'을 함께 갖춘 필자의 삶이 녹아든 교육 지도자의 지침서가 된 필자의 책.

지도자의 길을 오래 걷다 보면 생길 고민과 풀어내야 할 숙제들의 방향을 명확하게 안내해 주는 책.

간절하면 무얼 못 할까?

십수 년간 축척해 온 경험과 데이터를 책으로 만날 수 있다는 것은 참 귀하고 값질 것이다.

- **박광수**
  - 인천 나르샤태권도 관장

저자는 앞서 《지도자의 결》이라는 책으로 많은 현직 종사자분들에게 큰 영향력과 도움을 주었던 이력이 있습니다. 이번 신간 도서 《지도자의 격》에서는 현직 지도자 및 독자분들에게 지도자로서 갖춰야 할 '격'을 저자의 실전 경험을 바탕으로 소개함으로써 책을 접하는 지도자분들에게 지도자로서 반드시 필요한 부분에 대해 생각해 보고 느낄 수 있는 계기가 될 도서일 것입니다. 지도자로서 첫발을 내딛는 독자는 물론 현직에 종사하는 지도자 중 회의감을 느끼셨던 독자분들 모두 이번 《지도자의 격》이라는 책을 통해 본인의 격을 쌓고 한 걸음 더 나아가는 터닝 포인트의 시작점이 되길 바랍니다.

· 안민우
  - ATS 태권도장 대표
  - 도장경진대회 수상

진정한 태권도 지도자의 지침서를 찾고 싶다면 이 책을 집어라. 지극히 평범하지만 탁월함을 찾고 싶다면 이 책을 펼쳐라.

사업장에 균열이 생길 때, 지도자의 마인드를 체크해야 할 때, 지도와 운영 중 부딪히는 부분이 생길 때 《지도자의 결》과 더불어 《지도자의 격》은 우리들에게 지침서가 되어 줄 것이다.

태권도계의 젊은 리더인 박강순 대표의 도전과 열정을 응원하며, 《지도자의 결》에 이어 《지도자의 격》 출간을 진심으로 축하드립니다.

목차

들어서며 6

추천사 / 응원의 글 11

"격"

작은 도장 대형 도장보다 중요한 큰 지도자 32

정보의 수집과 정리 그리고 분석 34

24시간 홍보할 수 없기에 일상에 스며드는 '굿즈' 36

채용에서 많은 말보다 분명한 전달이 중요 38

정답은 아무도 모른다 40

지도자를 위한 교육 46

당신의 캐치프레이즈(Catchphrase)는 무엇인가? 48

메뉴 추가한다고 매출이 높아지지 않는다 49

세심한 인원별 조사, 마케팅과 관리를 동시에 50

홍익인간 널리 이롭게 한다 52

옷으로 말하지 않는다 53

《지도자의 결》 출간 1년 후 신규 오픈, 그리고 마음가짐 54

프랜차이즈, 가맹점으로 확장을? 62

네이버 플레이스 리뷰를 꼭 해야 하나요? 63

네이버 예약 시스템 필요한가요? 64

First와 Unique가 요구되는 시대 **68**

시스템을 만들어 갈 때 주의해야 하는 것 **70**

본질과 문제의 핵심을 알아야 하는 이유 **72**

반짝 마케팅이 아닌, '정공법'으로도 가능하다는 믿음 **73**

잘해 주는 것과 애정을 주는 것 **76**

여전히 수동적인 지도법 **78**

쉬운 프로그램일 뿐, 어른의 속도를 원한다 **80**

나는, 저력이 있는가? **81**

업무 소통이 잘 안될 때, 생각의 전환 **82**

흔들리지 않는 침착함 **83**

단골과 팬이 되는 문화 그래서 필요한 문화 **85**

바쁘고 촉박함의 연속 **88**

노력과 재능만 믿을 때 만나게 되는 오류 **90**

창업을 위한 창업인지, 교육과 지도를 위한 창업인지 구분한다 **92**

브랜드 체력, 지도자의 체력 **94**

심플하고 명확한 생각을 위해 같은 티가 10장 **95**

지도자는 계속 발전해야 한다 **96**

아이들이 불안하지 않은 공간 **97**

필수 중 필수 재무 상태 점검 **99**

양적 지도를 넘어 효율적인 지도 **100**

핵심코어 '지도자'가 살아야 한다 **101**

문제를 모르는 사람은 해결책을 제시해도 문제를 인지하지 못한다 **104**

톱니바퀴에서 빠진 톱 하나의 흐름 **106**

친절한 환대를 부정까지 하며 싫어할 사람은 없다 **108**

과학적 통계 단골이 단골을 만든다 **109**

삼성과 애플의 노트북 로고 방향 110
내 옆에 도장이 생겨도 집중해야 할 것은? 112
인풋 양이 아웃풋 양을 결정한다 113
구분된 목적과 교육 115
지도자와 사업자는 다르다 117
나는 어떤 지도자인가? 119
인원 증가의 한계 120
국제 활동을 여행으로만 한다면 하지 않는다 122
상대적인 우월성 도장 128
연간계획표 월간계획표 주간계획표 일간계획표 130
정부/정책 지원금 유용하게 활용하자 132
본질은 그대로 교육법은 나날이 발전 133
지점이 증가, 연락망 구축 136
지도자는 전문가, 그렇다면 인성도 최고? 137
매월 1일 고정 안내문 138
교육 동영상을 제작하고 보여 준다? 140
지도자들의 능력은 어디까지인가? 141
대회를 장려한다는 것 142
지도자들의 시그니처 과정 143
도움을 받는 것은 나쁜 것이 아니다 144
신규 창업의 70% 폐업 145
지도자마다 잘하는 것이 있다 148
소통을 어려워하는 사람은 문화로 흡수된다 149
관리가 필요하다면 밀착 관리를 해서라도 150
연락을 기다리는 시기, 연락을 오게 만드는 시간 151

자신감, 자존감 도장의 자존감 153

도장에서 규칙과 규율 156

지도자 및 직원들 정기 교육 157

아동 학대, 성범죄 조회, 교통안전 교육 등 158

우리는 대형 도장인가? 160

시장이 무너지고 있다 162

좋은 지도자는 대체가 불가능하다 164

대형 도장을 고집하는가? 166

미니멀리즘 도장 167

등록 후, 즉시 참여? 169

2~3회 시스템도 많아진다 170

지도자, 실장님, 선생님 등 근로자 시간대별 중요 업무 171

제자가 이사를 가거나 다른 곳으로 갈 때도 173

시스템의 진정한 의미 175

지도자의 격 Shorts 176

도움이 되는 운영 정보들 182

"도장 참고서"

설립 전 확인 사항 188

다음을 준비하며 252

"격"

품격 | 수준

작은 도장 대형 도장보다 중요한 큰 지도자

도장의 사이즈가 아닌 지도자의 격에 따라 도장의 격도 높아지고 미래도 달라진다. 큰 도장에 있어도 지도자가 작게 행동하면 당신은 발전하기 어렵고 작은 도장이라고 해도 지도자가 크게 행동하면 당신은 지속 성장할 수 있으며 큰 미래를 맞이할 것이다. 당신이 어디에 있든 '격'을 이해하며 '격'을 높이려 노력할 때 지속 성장이 가능하다.

"아직도 신발장까지 청소를 하시나요?"

《지도자의 결》에서 언급했던 '신발장 청소'는 사람들이 자주 질문하는 한 가지다. 누군가는 중요한 일도 많은데 그런 것까지 신경 써야 하는지? 일이 많아 바쁜데 작은 신발장까지 꼭 해야 하는지? 중요도를 부여할 수 없다고 한다. 뭐가 달라지냐고 하지만 나는 여전히 신발장까지 닦는다. 당신의 행동이 작아 보이는가? 도장의 격을 높이는 행동은 보이는 곳과 보이지 않는 곳의 조화로운 단단함에서 완성되고 지도자도 보이는 곳과 보이지 않는 곳에서의 격을 갖춘 행동이 격을 완성시켜 준다. 같은 행동을 누군가는 작은 행동으로 보고 누군가는 중요한 일이라고 루틴화한다. 누군가는 벽돌을 쌓는 일이라고 하고 누군가는 집을 짓는다고 한다. 생각의 차이가 일의 방식은 물론 당신에게도 영향을 미친다.

보편적으로 어느 곳에나 규칙과 방향이 있다. 누군가의 지시나 몸에 배지 않은 업무들을 나와 관련되지 않은 업무로 인식하는 순간부터 에너지는 필요 이상으로 소비하게 된다. 일반적으로 몸담은 곳에서의 업무들은 나와 관련되지 않은 업무가 없을 것이다. 경험을 통해 당신에게 필요한 업무들을 확인할 수 있는 필터링과도 같은 시간들이다.

업무들은 루틴화하면서 개선할 것들이 있을 때는 기록하고 수정해가면서 성장할 수 있다. 이런 일련의 과정들이 장기적으로는 심플한 업무들만 남게 되는 법이다.

지도자의 책임감과 간절함의 크기가 더 많은 것들을 보게 하고 더 많은 것들을 배우게 할 것이다. 배운다는 것은 성장을 의미하고 성장은 변화를 의미한다. 결국 성장은 배움에서부터 시작된다. 배움을 멀리하며 지도자의 겉모습만 중요하게 생각하는 빈속보다 탄탄하게 채워진 당신은 품격이 다른 큰 지도자로 거듭날 수 있다.

정보의 수집과 정리
그리고 분석

"업무 매뉴얼을 작성할 때, 업무를 해 보기 이전에 무수히 계획을 세우는 것도 있지만 실제 업무를 진행해 보면서 업무 매뉴얼을 작성하는 것에는 차이가 있다."

1년을 열두 달로 매월 인원의 변동을 기록한다면 그래프로 정리 시 차트로 확인/관리할 수 있다. 단순하게 나가는 사람만을 기록하는 것이 아니라 등록과 퇴관 등 구분지어 기록하고 그 기록은 차트를 완성하는 데 사용할 수 있다.

시스템이 보다 잘 갖춰졌다면 등록과 퇴관의 사유를 기록하여 카테고리별로 정리 시 더욱 큰 자산이 된다. 다만 이 부분까지는 많은 시간이 소요되므로 매월 인원 변동에 대한 기록만으로도 기본적인 관리가 가능하다. 실제 1~3년의 자료는 사이클이 돌 듯 비슷한 패턴을 띄고 있고 흐름을 예측하고 대비할 수 있는 소중한 자료가 된다.

"올바른 문제점을 찾기 위해서."

"만약 상담 후 등록 전환율이 낮을 경우 상담에서 문제점을 찾아야 하고 상담 자체가 적다면 홍보나 마케팅에서 문제점을 찾아야 한다.

체험 또는 1일 수업 이후 등록 전환율이 낮다면 교육을 점검해야 하고 등록생이 아예 없을 때는 환경적인 부분도 있겠지만 전체적인 점검을 통해 확률을 높이는 것이 중요하다. 등록 변동의 폭이 크지 않으면서도 감소추세라면 가치를 확장하고 적극적인 태도에서 변화를 만들어 낼 수 있다."

문제점에 대한 고민과 분석을 하지 않고 무작정 홍보만 하는 소모적인 시간보다는 문제점을 정확하게 파악하고 필요한 부분에 집중 투자해야 한다.

"체험 이후 등록을 하지 않는다면 교육을 점검해야 하는데 홍보만 매일 하는 것은 올바른 전략을 세우는 방법은 아니라는 의미다. 세분화 전략을 세우는 이유는 효과를 극대화하기 위함이다."

24시간 홍보할 수 없기에
일상에 스며드는 '굿즈'

"24시간 홍보할 수 없다. 새로운 것들은 사람들의 눈과 귀를 훔친다. 시선을 뺏어 오지 못하면 끝이다."

대부분의 지도자들이 절대적인 시간 앞에 해야 할 일을 하다 보면 균형 잡기가 쉽지 않다. 그래서 언제나 최적의 환경을 준비하기 위해서 우리 지도자들은 오픈 준비 체크리스트 항목만 해도 수십 가지이다. 이 모든 것들은 지도자들이 매일 체크하며 준비부터 마감까지 일관되도록 한다. 지도자들은 고정적으로 해야 하는 일이 있고 변동적으로 해야 하는 일들이 있다. 하루에도 수십 번씩 다양한 일들이 발생하기에 우리는 메모를 하고 우선순위를 정하며 하나씩 업무를 처리한다.

이렇게 바쁘게 지내다 보면 홍보와 마케팅 등이 조금 부족하다는 생각이 들어 블로그를 작성하고 이벤트를 기획하고, 월별 기념일에 맞춰 계획도 하지만, 우리의 몸은 하나이기에 모든 업무를 밀리듯이 쫓기듯이 처리하는 경우가 빈번하다. 슈퍼맨 같은 지도자도 지도자이기 이전에 사람이다 보니 모든 사람에게 직접적으로 알리며 홍보를 하거나 마케팅을 할 수가 없다. 우리가 존재하고 있다는 것을 알리는 것은 무척이나 중요한데 내가 움직이지 않는 순간에도 직접적으로나 간접적으로 생각나게 하는 방법이 <mark>일상생활의 굿즈이다.</mark>

일상에서도 우리를 생각나게 하고 자연스럽게 삶의 일부분에 스며드는 굿즈 상품은 의외로 'Dot 효과'(*하나의 인식이 누군가에게 자리 잡듯, 누군가의 기억과 마음속에 닻을 내린다는 표현이다)가 우수하다. 하지만 한정된 예산으로 적당히 전달하고 큰 효과를 바라는 것은 금물이다. '스며들게 하자'가 굿즈 상품의 목적이다.

굿즈 상품은 말 그대로 일상생활 속에 스며들어 곁에 있는 물품이다. 간단한 연필부터 필통, 우산, 가방, 열쇠고리, 배지, 스티커 등 누군가의 기억 속에 자리 잡을 수 있도록 굿즈 상품으로 함께해 보자.

"굿즈가 전달하는 힘은 생각보다 강할 때가 많다."

채용에서 많은 말보다
분명한 전달이 중요

　채용은 또 하나의 팀을 만나는 것이다.

　피곤할 때 가구점에 가지 말라는 말이 있듯이, 배고플 때 마트에 가면 안 되고, 급하다고 확인 절차 없이 즉시 채용해선 안 된다. 다음 자료를 참고하여 필요한 전달 사항을 전할 수 있다.

근로자 제출서류

※ 면접 시 제출

ERUDA TKD

내 용	확인했습니다
제출) 이력서	
제출) 성범죄 경력 조회 동의서, 신청서(국가의무사항)	
제출) 근로계약서 2장 확인	
제출) 개인정보 활용동의서	
제출) 어린이통학버스 안전교육 확인증(운전자용)	
제출) 성범죄경력 및 아동학대 범죄전력 조회 회신서	
제출) 아동학대 신고의무자 및 공공부문 종사자 아동학대 예방 교육	
제출) 의무 아동복지 교육이수	
숙지) 차량시간표 및 노선	
숙지) 운전자 매뉴얼 자료 5가지(운행전, 승차시, 운행중, 하차시, 통합매뉴얼)	

채용정보	주요업무: 원생 통합 관리, 수업, 수업준비, 학원 내부/외부 청결유지, 사진촬영 및 활동모습 업데이트, 보조, 차량보조 및 승/하차 도우미, 각종회의 등 지원요건: 만 18세 이상, 차분한 성격과 책임감이 우수한 자, 감정적이지 않은 사람 채용절차: 입사지원 -> 면접 -> 입사 및 교육(1~2주간)
근무조건	근무장소: 충남 당진시 송악읍 틀모시로 762 대교트윈타워 A동 4층 근무형태: 정규 근무시간 ㅣ 주 15시간 ㅣ 주15시간 미만 ㅣ 이외 지정시간 협의
급여 및 기타	급여: 최저시급 준수 정직원(4대보험), 파트타임(사업소득3.3%) 이외 근로계약서를 참고

정답은 아무도
모른다

"변화도 없는 변함없는 꾸준함, 성장이 없는 꾸준함은 낡을 뿐이다. 아무리 큰 지도라도 나침반 역할을 할 수 있는 신념과 철학, 정체성을 가지고 지속 성장하는 지도자가 과연 얼마나 많을까?"

급변하는 시대 현명한 사람은 변화에 따라 움직이고 상황에 따라 적절한 대응을 한다. 누군가는 자신만의 고귀한 것을 고수한다며 변화를 거부하고 상황은 점점 악화되어 가는데 아무런 대응을 하지 않는다. 음식도 시간이 지나면 썩기 마련이고 시대적 기술도 시간이 지나면 역사 속으로 사라진다.

새로운 기술의 발전과 급변하는 시장에서 단순히 수정하는 것을 넘어서 전환과 혁신을 만들어 내지 못하는 것은 기존의 것에서 크게 다를 바가 없다. 늘 새로운 것을 추구하는 것이 옳다는 것은 아니지만 피벗처럼 사업의 방향성을 전환하는 혁신적 아이디어는 필요하다.

인스타그램은 위치 기반 서비스에서 사진 플랫폼으로 전환하였다. 시장에서의 반응을 분석하고 변화에 있어서 과감하게 결정하였고 넷플릭스도 DVD에서 스트리밍 서비스로 전환하였다. 현재 이 두 가지의 큰 사례를 볼 때 피벗의 대표적인 예가 될 수 있다. 기존의 것에서 단순 개선하는 것을 넘어서 새로운 방향을 제시할 때 신념과 철학 그리고 정체성까지 완전히 변화하면서 성장을 시도했다.

변함없이 변화도 없다면 꾸준함은 있다 해도 지속적인 성장은 없었을 것이다. 꾸준함은 성공할 수 있는 절대적인 요소 중의 한 가지이지만 **"꾸준한 성장이 없는 꾸준함은 낡을 뿐이다."**

낡은 것은 외부 환경과 경제 상황에 쉽게 휘둘리며 이끌어 가지 못하고 버티거나 부서진다. 이런 반복이 무서운 이유는 익숙해진다는 것이다. 지도자는 단순히 자신의 종목을 공부하는 것을 넘어서 시대적 흐름을 읽을 수 있는 공부도 해야 하고 역량을 높일 수 있는 여러 가지들을 연구해야 한다.

시장의 흐름을 읽고 싶은데 시작하는 공부가 어렵다면 경험을 확장시키는 것이 필요하다. 관련된 여러 가지 시장의 경험을 하다 보면 좋은 것과 좋지 않은 것을 구분하는 눈이 생기고 필요한 것과 필요하지 않은 것을 구분하는 눈을 얻게 된다. 언젠가는 자신이 원하는 것을 얻는 데 시간이 줄어들고 고민하고 선택하는 부분에서도 많은 도움이 된다.
지도자로서 "신중한 고민은 필요하지만 빠른 선택은 필수다."

다양한 시대적 기술과 노하우들은 기존의 것에서 파생되거나 응용되고 기존의 것에서 연결되어 창출된 것이기 때문에 혁신적이기보다는 새롭고 신선한 것에 그치는 것이 많다. 그러나 한편으로 너무나 변화에만 치중하여 본질을 잃어 가는 것은 자칫 더 큰 위험을 가져오기도 한다.

"내가 이 시장에서 이 장소에서 필요한 존재인가? 되물어 보자."

주위를 둘러보면 자신이 몸담은 분야에서 역사를 만들어 가는 사람이 생각보다 많지 않다는 것을 알게 된다. 지도자가 역사를 만든다는 것은 단순히 도장의 수와 인원으로만 접근하는 것이 아니다. 전문 분야에서 우리가 만들어 갈 수 있는 일들은 생각보다 넓고 하루하루가 역사를 만들어 갈 수 있는 날이며 기회이기도 하다.

2025 경제 흐름 전망에서는 여러 가지 키워드를 확인할 수 있는데 저출산, 고령화 현상은 이미 극심한 문제로 다가왔고 그중 건강 의식 수준에 대한 부분은 높아질 것으로 보인다. 성인의 경우 건강에 대한 운동 선택과 소비에 대한 의사 결정권자도 본인이기 때문에 단순 소비를 위한 지출보다는 사전에 충분한 자료 조사를 하고 결정한다. 그러나 어린 자녀와 미성년자의 경우 그렇지 못한 경우가 많고 다양한 이유에서 선택 요인도 달라진다. 건강을 위한 교육은 '아무나'에게 맡겨선 안 되고 재미로만 건강함을 채울 수도 없다. 건강 의식 수준이 높아진 사람들은 전문성을 필요로 하고 전문가를 찾게 된다. 그리고 전문가는 곧 지도자의 격을 의미하기도 한다. 매일 아침, 밤으로 노력하는 지도자들, 이미 지도자로서 격을 높이기 위한 활동을 하고 있고

이런 지도자들은 전문가로서 더욱 인정받게 될 것이다.

　사람은 늙어 가는 것이 아니라 익어 가듯 멋이 스며드는 사람을 품격 있다 말한다. 아무리 예쁜 꽃도 시간이 지나면 시들 듯, 외형적인 모습은 나이가 들면서 사라지고 멋진 태도는 시간이 지나며 품격이 된다. 품격 있게 나이 든 사람은 경험이 많으며 지혜가 함께하고 품격을 갖춘 사람에게는 함부로 대할 수 없듯이 ==말하지 않아도 상대방의 태도를 바꿀 수 있는 힘이 있다.== 그래서 우리에게는 품'격'이 필요하다.

　품격을 갖췄다는 것은 힘을 가지고 있다는 것이다. 즉, 실력과 능력, 수준이다. 감정을 표출하며 말하지 않아도 실력으로 증명하게 되고 어떤 상황에서도 품격 있게 대처할 수 있다. 품격을 억지로 표현할 때는 감정이 무너질 것이고 품격을 흉내만 내려고 할 때는 실력이 들통날 것이다. 품격을 갖추기 위해서 절대적으로 시간과 경험이 필요하다. 지금의 어려움과 고통들이 있다면 나에게 온 고통이라 생각하지 말고 성장할 수 있는 성장통이라 생각하며 밟고 나아가야 한다.

　대대로 물려 내려오는 점포(店鋪)를 노포라고 한다. 30년, 50년, 100년이 지나온 노포라면 세련된 현대식 건물이 아닐지라도 지나온 역사가 스며들어 있는 스토리가 있는 곳이 된다. 역사적 스토리가 있고 그곳만의 매력이 물씬 나는 곳은 그곳만의 신념과 철학을 간직한 채 그곳만의 색을 나타내며 많은 사람들로부터 사랑과 존중을 받는다.

"신념과 철학이 있다면 조급해하지 말자. 지나친 사랑보다 시기와 때에 맞는 사랑이 충분한 사랑이다."

대한민국 태권도장 중 역사가 깃든 도장이 과연 얼마나 될까? 신념과 철학이 없다면 시간이 지나며 힘을 잃어 간다는 생각을 할 것이고, 신념과 철학을 간직한다면 역사가 깃든 곳이라고 생각할 것이다. 힘을 잃어 간다 생각하면 자신감이 없어질 것이고 역사가 깃든 곳이라 생각하면 자부심이 생길 것이다.

지도자라면 역사를 만들어 가고,
지도자라면 스토리를 만들어 가고,
지도자라면 신념과 철학으로 존중받고 존경받는 품격 있는 지도자로 승격되어야 한다.

이 순간에도 치열하게 달려온 자신은 잊은 채 미래만 바라보는 누군가가 있을 것이다. 사람들은 지나온 여정이 얼마나 거대했는지 깨닫지 못할 때가 많다. 우리는 순간을 잊고 기억을 잃는다. 과거를 돌아보는 것은 돌아가기 위함이 아닌 정리를 하기 위함이고 앞으로 나아가기 위한 방향성에 대한 점검이자 원동력이 될 것이다.

작은 도장, 대형 도장 할 것 없이 시간은 지도자의 품격을 나타낸다. 지도자는 고수의 품격으로 도장은 역사적 품격을 나타낸다. 대한민국에 이런 방향으로 교육하는 곳이 얼마나 될까? 생각해 보면 그리 많지 않다는 것을 알 수 있다. 거장, 고수, 명장, 장인 등 표현만으로도 한 분야의 전문가를 칭하는 표현들 우리는 승단의 단으로만 그 수식어를 대체하지 않는가 생각해 본다.

"프랜차이즈의 존속연수 3.2년대로 나타난다."

보편적으로 모델이라 하면 앞선 방법을 증명했던 사람이나 방식이다. 다르게 생각하면 너무나도 빠르게 변화하는 시대에 변화가 없다면 지속 가능할 수 없다는 것이고 결국, 존속할 수 없다. 10년이 지나도 계속 성장을 하고 있는 지도자와 도장이라면 누구라도 원할 것이다.

누군가 우리만의 방식으로만 해도 브랜드가 지속 가능하다고 말한다면 그 말은 "지속 가능한 성장을 했을 때 가능한 말"이라고 말해 주고 싶다. 지속적인 성장 없이 누군가의 방식과 방법을 따라 하고 흉내 냈을 때는 지속 가능하지 않다는 것을 의미하기도 한다. 변화하지 않는 방식과 방법을 그대로 몇 년을 사용한다는 것 자체가 오히려 이상할 따름이다.

브랜드 성장에는 브랜드만 생각할 것이 아니라 지도자를 성장시키면 브랜드도 상향되는 경우가 많다. 지도자는 계속 성장해야 한다. 성장을 어떤 대단한 변화로 인식하여 큰 것만을 생각한다면 작은 말투 하나부터 시작해 보길 바란다. 말투 하나만 바꿔도 변화이고 성장이기에 작은 것부터 변화해 보길 바란다. 지도자 스스로 작은 말투 하나부터 바꾸면 정답도 바뀐다.

지도자를 위한
교육

"100%로 직영, 스타벅스?"

스타벅스는 가맹점을 주지 않는다고 한다. 100% 직영점으로 운영하고 있는데 일관된 브랜드 정체성, 스타벅스만의 브랜드 전략 등의 이유라고 생각한다. 가맹점 형태의 경우 제각각 색을 나타낼 수 있는 단점이 있고 자칫 브랜드 가치 저하로 연결될 수 있는 위험이 있다. 메가 브랜드에서도 가맹점 형태와 직영점 형태를 보면 쉽게 이해할 수 있다.

"스타벅스 직영점은 직원 배치를 위해 아무나 현장에 투입하는 것이 아닌 본사에서 교육 후 현장으로 투입"

지도자를 위한 교육은 일을 위임하고 업무를 분담하는 것을 넘어야 하고 보편적 관리 방식인 체크리스트 시스템도 넘어서야 한다. 지도자는 지도자를 교육한다는 기준으로 하고 브랜드가 가지고 있는 기준을 지키려는 중간 관리자가 있어야 한다. 브랜드 기준에 맞춰진 교육은 지도자에게 하면 좋은 일이 아닌 **"반드시 해야 하는 기본 사항"**이라는 생각을 해야 한다. 기본 사항은 말 그대로 기본 중의 기본으로 일상생활처럼 반복되는 것들이라 생각하면 된다. 매일 먹는 밥을 먹으면서 칭찬을 바라는 것이 오히려 이상한 현상이다. 품격 있는 지도자라면 기본을 잘하고 어떤 대가나 인정을 바라는 것이 앞서지 않아야 한다.

또한 시스템은 만들어 놓고 무작정 따라하도록 두는 것이 아니라 시스템을 잘하고 있는지 점검과 관리가 되어야 하고 교육적인 부분은 지도자나 관리자 모두 집착해야 한다. 이때 관리자라면 더욱 책임감 있게 해야 한다. 결국 이렇게 집착된 관리가 일관된 모습을 만들 수 있고 신뢰로 연결된다.

지도자 체크리스트는 일반적으로 문서화되어 있다. 이해하기 어렵다면 사진으로라도 동영상으로라도 매뉴얼을 만들어야 한다. 방법을 개선하면서 만들어 갈 때 표준화는 격상한다. 그러므로 "표준의 격"을 높이는 것도 지도자이다.

"단, 표준을 만든다는 것 자체가 쉽지 않다는 것을 이해하자."

지도자 스텝업을 한다는 것도 지도자들에게 발생하는 여러 가지 사건 사고와 문제들에 대한 예방이 되기도 한다. 지도자 스텝업은 지도자가 제자들을 잘 교육하기 위한 것도 포함되지만 지도자 스스로 스텝업을 통해 발생할 수 있는 여러 가지 사건과 문제들을 사전에 예방하고 좋은 방향으로 나아가며 성장하는 의미이기도 하다. 문제를 문제로 바라보지 못하는 눈은 수준을 높여야만 볼 수 있다.

지도자 교육은 격을 위해 필수다.

당신의 캐치프레이즈(Catchphrase)는 무엇인가?

"타인의 주의를 끌기 위해 내세우는 기발한 문구"

캐치프레이즈와 슬로건, 구호, 후킹 등은 비슷하다. 나이키의 슬로건 JUST DO IT 등 캐치프레이즈는 브랜드의 핵심 가치를 전달하여 인식을 위한 것인데 단순히 관심만 끌려는 용도를 넘어선다.

햇반의 사례를 본다면 간편하고 '편리한 밥'에서 매출이 부진하자 엄마가 해 주는 '맛있는 밥'이라는 인식으로 바꾸며 역대 최고의 매출을 기록했다. 이러한 작은 차이는 기업의 운명을 좌우하기도 한다.

그럼 지도자마다 이런 캐치프레이즈는 무엇일까?
도장마다 캐치프레이즈는 무엇일까?
브랜드의 색과 어울리면서도 가치를 알릴 수 있는 문구로 접목한다면 지도자의 방향에도 큰 도움이 될 것이다. 슬로건의 경우 조금은 다르게 해석되는데, 보통 격렬한 전쟁 또는 싸움에서 이기는 등의 느낌이다.

지도자와 도장 모두 시대적 사랑을 받기 위해서 갖춰 가는 노력은 언제나 옳다. 지속적으로 완성하며, 매일매일 쌓여 가는 과제들은 축적되어 성장으로 돌아올 것이다.

"후킹만이 아닌 우리가 전달하고 싶은 의미는 어떤 것인가?"

메뉴 추가한다고
매출이 높아지지 않는다

세상은 사람이 적응하기도 벅찰 만큼 급변한다. 이런 시대에 살고 있는 우리는 변화 속에서 무엇이 정답이고 무엇이 더 나은 방향일지 끊임없이 고민하고 또 고민한다.

이런 혼란 속에서도 스스로에게 질문해야 한다. 나는 나 스스로부터 통제하고 있는가? 흘러가는 대로 따라가지는 않는가? 다양한 아이템들이 세상에 출현하다 보니 이것저것 추가하고 삽입하는 경우가 많다. 여러 가지 필요에 따라 시기별로 진행하는 것은 적극 환영한다.
하지만, 분식집에서 메뉴 하나 추가한다고 대단한 성공이 따라오는 것이 아니다.
무엇을 해야 하는지도 모르고 이것저것 추가하는 것은 전체를 흐려지게 만든다. 고민하고 또 고민하면서 본질적으로 무엇이 변해야 하는지 알아야 한다.

그러나 더 중요한 것이 있다. 비범한 사람들의 또 다른 비결은 반대로 생각한다는 것이다. 우리가 몸담고 있는 이곳에서 빠른 변화에 적응도 중요하지만 "10년이 지나도 변하지 않을 것은 과연 무엇일까? 그렇게 본질을 장기화 전략에 추가한다."

세심한 인원별 조사,
마케팅과 관리를 동시에

도장에 아이들이 많거나 적거나 상관없이 '관리를 위한 인원 현황'은 중요하다. 나이별, 성별 인원수가 어떻게 되는지 확인하고 교육, 행사, 마케팅 등에서 표적, 타깃을 선정해 진행할 수가 있다. 이런 세분화 전략이 다양한 고객층에게 전달하려는 메시지보다 강력하고 효과가 좋다.

"모두를 만족시키려는 노력은 소수까지도 만족시킬 수 없다."

다음은 참고할 수 있는 예시 표다. 가장 진한 칸의 경우 인원이 적거나 없는 경우이다. 이런 포인트를 파악했다면 타깃팅 행사나 홍보, 마케팅 활동에 활용할 수 있다.

또한 상대적으로 적은 인원에 대해서도 점검과 동시에 목표를 설정할 수 있게 된다. "목표가 명확하다는 것은 일을 할 때 효율적으로 처리가 가능하다는 점"에서 업무 속도에 가속도가 붙곤 한다.

○○○점 총합																	07월 09일	
100																		

유치부		1학년		2학년		3학년		4학년		5학년		6학년		중등부		고등부		성인부		총합	
31	17	18	9	9	0	4	2	0	0	4	0	1	0	3	0	0	0	1	1	71	29

유치부						○○						○○						○○					
5세		6세		7세		5세		6세		7세		5세		6세		7세		5세		6세		7세	
남	여	남	여	남	여	남	여	남	여	남	여	남	여	남	여	남	여	남	여	남	여	남	여
0	4	14	5	17	8	0	0	0	0	0	0	0	0	0	0	0	0	0	0	0			

○○						○○						○○						○○					
5세		6세		7세		5세		6세		7세		5세		6세		7세		5세		6세		7세	
남	여	남	여	남	여	남	여	남	여	남	여	남	여	남	여	남	여	남	여	남	여	남	여
0	0	0	0	0	0	0	0	0	0	0	0	0	0	0	0	0	0	0	0	0	0	0	0

수청초등학교												○○초등학교											
8세		9세		10세		11세		12세		13세		8세		9세		10세		11세		12세		13세	
남	여	남	여	남	여	남	여	남	여	남	여	남	여	남	여	남	여	남	여	남	여	남	여
18	9	9	0	4	2	0	0	4	0	1	0	0	0	0	0	0	0	0	0	0	0	0	0

수청중학교						○○중학교						○○고등학교						○○고등학교					
14세		15세		16세		14세		15세		16세		17세		18세		19세		17세		18세		19세	
남	여	남	여	남	여	남	여	남	여	남	여	남	여	남	여	남	여	남	여	남	여	남	여
3	0	0	0	0	0	0	0	0	0	0	0	0	0	0	0	0	0	0	0	0	0	0	0

성인부 구분																			
20~25		26~30		31~35		35~40		41~45		46~50		50~55		55~60		61~65		65~70		70대이상	
남	여	남	여	남	여	남	여	남	여	남	여	남	여	남	여	남	여	남	여	남	여
0	0	1	0	0	0	0	1	0	0	0	0	0	0	0	0	0	0	0	0	0	0

▲ 예시) 인원별 현황 자료

홍익인간
널리 이롭게 한다

"홍익인간은 널리 이롭게 한다.
지도자도 널리 이롭게 한다."

지속 성장하는 환경,
지속 성장하는 지도자,
성장 없는 지속은 도태될 수밖에 없다.

지도자는 좋은 환경을 위해 노력해야 하지만 외모, 인테리어, 도구 등 외적인 것들만 보기 좋게 하는 것이 아닌 높은 수준의 문화를 만들고 지도자도 수준에 맞는 격으로 완성되어야 한다.
높은 수준의 문화를 만들어 사람들이 경험할 때 그 문화의 힘은 쉽게 무너지지 않는다. 한때 반짝하고 끝나는 연기 같은 유행이 아니다. 누군가의 마음속에 자리 잡은 지도자이기를 바란다.

옷으로
말하지 않는다

"다양한 도복 디자인, 그리고 레이어드 의류들"

최근에는 도복의 다변화로 다양한 색상은 물론 종류까지 많아졌다. 여기에 레이어드로 입는 것들까지 그 수는 더욱 많아진다. 이런 다양한 의류들은 한눈에 정리하기 힘들다. 지나치게 다양한 종류를 시스템이라고 하는 순간 시스템은 힘을 잃어 간다.

다양한 종류만큼 지도자의 '멋진 도복'의 중요성도 높다. 어떤 지도자들은 멋을 내기 위해 멋스러운 도복을 입거나 레이어드를 해서 입는다. 깔끔하고 단정하게 입는 것은 지도자로서 기본이지만 한 끗 차이로 의미가 다르기 때문에 주의해야 한다.

멋을 내는 모습이 멋질 때도 많지만 "도복을 입고 있는 지도자는 태도로 말할 뿐"이다. 지도자라면 태도로 인격을 인정받아야 더욱 멋이 난다.

《지도자의 격》 출간 1년 후 신규 오픈, 그리고 마음가짐

"아마추어는 감정을 구걸하고 프로 지도자는 감정을 구걸하지 않는다."

《지도자의 격》을 출간하고 1년 후 도장을 신규 오픈하면서 본관의 업무와 신규 도장 업무로 주당 100시간을 넘긴 날이 대다수였다. 일을 많이 하는 것만이 열심히 했다는 것의 지표가 될 수 없고 늘 좋은 결과를 가져다주는 것도 아니다. 이상과 현실을 구분하며 즉시 실천해야만 했다. 운동을 하지 못해도 체중은 12kg이 자연스럽게 감량되었지만 많은 지도자들이 그렇듯이 지도자로서 현장에서만큼은 마법처럼 에너지가 가득했다.

누군가는 많은 일을 한다는 것에 힘들다며 불평불만을 할 수도 있지만 시간이 지나 실력으로 연결되는 것은 물론 수많은 점들이 서로 연결되면서 엄청난 시너지를 발휘하는 날을 맞이하게 된다. 실제로 우리가 하는 어떤 행동들은 어떻게 연결되는지 모두 알 수가 없다. 불평불만을 하며 자기 자신을 깎아내리지 말자, 바뀌는 것은 없다.

"감정을 구걸하며 위로를 받기보다는 할 일을 끝내고 스스로를 위로할 수 있는 성숙한 지도자가 되어야 한다."

여러 가지 많은 일을 소화할 때는 시간 대비 효율을 점검하고 개선해야 했다. 출간 이후 신규를 추가 오픈하고도 강의 및 세미나, 회장, 총재, 예비 창업가, 현직 지도자 등 1 대 1로 멘토링을 했고 강사 심사 위원까지 시간을 쪼개어 업무를 소화했으며 이 시간이 '격'을 높이는 데 도움이 되기도 했다.

"한 단계 더 성장하기 위한 좋은 타이밍!"

신규 오픈은 시장의 변화에 놓치고 있는 것은 없는지 트렌드와 시대적 문화까지 확인하고 검증하는 소중한 시간이었다. 대한민국에는 상권분석 전문가, 시장분석 전문가 등 분야별 전문가들이 있겠지만 나 또한 지난 10년간 국내외 수백여 곳의 체육도장을 다녔고 교수님들께 배운 공부와 부동산 상권분석, 시장분석을 바탕으로 체육도장부터 다양한 업종까지 전국적으로 컨설팅 활동을 했었다. 그리고 이 바탕이 신규 오픈을 할 때 확신과 자신감 그리고 설렘으로 다가왔다.

"2024년 1월 1일 시작, 6개월 뒤 100여 명"

인원보다 중요한 것은 건강한 운영/경영, 선순환을 만드는 장기 전략이다. 이것이 바탕이 되어야 변함없는 모습이 가능하고 신뢰로 연결할 수 있다. 단순 모집 전략은 빠른 시간 단기간 목적 달성에 도움이 될지 몰라도 결과적으로 허무한 방향으로 전락한다.

신규 지점도 다년간 검증된 방향성과 준비로 목적에 집중할 수 있는 구조였으며, 분명하면서도 따라 하기 어려운 가치를 내세웠다. 제자들을 생각한다면 지도자부터 멀리 볼 줄 알아야 한다. ==더 좋은 서비스는 더 좋은 교육과 환경이 제공될 때 자연스럽게 채워지는 부분이다. 무한 출혈 경쟁은 장기적으로 서로가 무너지는 제로섬 게임이다.==

==시장의 흐름과 여러 가지 갑작스러운 상황에도 단순 서비스만을 승부수로 하지 않았다.== 함께하는 누구라도 단순히 거쳐 가는 곳이 아니라 우리만의 운동 문화, 전문성과 진정성, 남다른 마인드셋과 정신 교육 등 성장하는 것에 목표를 두었다.

현재까지 꾸준한 유입이 가능하도록 큰 틀의 시스템을 단단하게 구축했고 시장에 맞춰진 작은 시스템들이 유연하게 자리를 찾아갔다. 상황에 따라서는 재구성하는 유연함이 필요했고 빠른 변화에 맞춰진 유연함들은 익숙하지 않았기에 익숙해지도록 철저하게 지켰다. 무리한 상황을 만들지 않았고 반복된 패턴이라도 집착스럽게 지켜 냈다. 그것이 우리를 찾아 준 사람들에 대한 가장 최소한의 기본적인 예의이기도 했다. 인원이 증가하여도 정원제와 클래스별로 구분하였고 시간이 지연되거나 안전한 차량, 여러 가지 선택에 탐욕하지 않았다. 누구나 배울 수 있고 누구나 즐길 수 있도록 남녀노소 단계별을 구축하면서 클래스마다 프로그램을 다르게 접근했다. 교육은 시대적으로 변화하고 발전하지만 태권도의 본질적 기본 교육에 중점이 컸다. 현재는 다년간 구축된 체계로 유치부부터 시작하여 입시 과정까지 준비 가능하고 실제 대학교에 입학하고 군 입대까지 보낸 제자도 있다. 그리고 그런 제자가 현재 지도자로 현장에서 활동하면서 큰 신뢰를 가질 수 있게 된다.

지도자들은 해당 지역 특성에 맞춰 시스템을 갖추고 리드해야 한다. 다른 누군가의 성공적인 운영법이 자신에게 꼭 맞는 성공 운영법이 될 수는 없다. 다른 환경에서 다른 사람이 도장을 하는데 완벽하게 적합할 수가 없다. 체육도장업의 경우 소비자 선택 요인은 큰 키워드로 몇 가지를 알 수 있다.

"최고의 시설, 최고의 지도진, 최고의 위치, 최고의 프로그램, 최고의 서비스 등"

각종 논문과 관련 서적에는 이 외의 선택 요소들을 추가적으로 확인할 수 있고 조금 더 세부적으로 연구해 보고 싶다면 선택 요인 관련 논문에서도 확인할 수 있다.

"BACK TO THE BASIC."

0명에서 시작해 6개월 만에 100여 명이 돌파했을 때, 앞서 언급한 것처럼 모든 지도진들은 기본부터 다시 돌아갔다. 모두를 만족시킬 수 없지만 모두를 만족시키려는 노력은 해야 한다. 대인원을 바라면 거리를 확장하고 차량을 추가하며 여러 가지 확장성 전략을 사용해야 한다. 하지만 나는 그런 전략을 알고 있음에도 하지 않았다. 지도자마다 가지고 있는 장점을 살리고 성장을 위한 환경과 교육으로 접근해야 했다. 멀리 보고 교육했다.

타임스탬프	신청자 의	등록생 이름
2023. 12. 13 오후 4:00:43	동의함	○○○
2023. 12. 13 오후 5:38:49	동의함	○○○

▲ 수청점 오픈 전 사전 접수 및 등록 시작

100	2024. 6. 13 오후 2:56:20	동의함	○○○
101	2024. 6. 17 오후 4:41:58	동의함	○○○
102	2024. 6. 19 오후 7:30:01	동의함	○○○
103	2024. 6. 20 오후 7:51:05	동의함	○○○

▲ 6월 100여 명 접수, 이후 꾸준한 입관

누구에게나 운이 온다. 그 운이 들어올 때 시너지가 발생할 수 있도록 평소에도 최선을 다해야 하고, 간절함과 책임감으로 준비한다면 운이 기회를 만났을 때 그 시너지가 대단한 성과로 연결된다.

"기획, 콘셉트, 방향 등도 일치할 수 있도록 노력"

거의 매일 새벽까지 현수막을 걸었고, 도장에는 선거철에나 볼 수 있는 대형 현수막으로 노출하여 홍보했다. 대형 현수막은 특수 제작한 사이즈라 지금 생각해 보면 대형을 넘어 초대형이라 생각한다. 이런 현수막을 걸기 위해선 스카이차를 불러 약속을 잡아야 했고, 비용이 곳곳마다 다르기 때문에 기다릴 수 없는 마음에 직접 옥상으로 올라가 작업을 하기도 했다. 부는 바람과 위험으로 인해 몇 번의 시도 끝에 결국 도장으로 내려와 창문을 통해 위아래 층을 연결하여 완성했다. 초대형 현수막을 걸었던 이유는 여러 가지가 있지만 특정 시기가 아닌 이상 태권도장을 과연 얼마나 찾을까 싶어서이다.

알리지 않고 찾아오는 곳을 만들겠다고 하는 사람들도 있지만 나는 기다릴 수 없었고 현장에서 기초적인 것부터 할 수 있는 모든 것을 해보자 했다. 많은 사람들이 도로를 다니면서 볼 수 있기를 바랐다. 이때 등록보다는 노출시키는 데 그 목적이 있었다.

오픈을 준비하던 시기는 12월 추운 겨울이었다. 때로는 비가 내리고 눈이 내렸지만 눈이 내리는 날에는 밤마다 출입구의 눈을 치우고 퇴근했다. 단 한 분이라도 다음 날 지나가다 입구에서 넘어지는 일이 발생하지 않도록 "부정을 없애는 예방이자, 깨끗해서라도 눈길을 끌 수 있도록" 했다. 그리고 막상 오픈은 했지만 학교는 아직 개교를 하지 않았고 아파트는 이사가 분주하게 진행되는 시기였다. 우리 상가는 몇 개의 상가만 입주되어 있었다.

인테리어를 하는 동시에도 상담을 요청하면 상담을 받을 수 있도록 상상하며 시스템을 구축하였고, 그렇게 오픈도 전에 사전 등록을 받을 수 있었다.

"모든 것이 완벽하지 않았다."

실제로 학교 개교는 다가오는데 운동장은 공사 중이었고 지역 신문 등에도 정상적인 개교가 되는지에 대하여 노출되었다. 어수선한 분위기 속에서 내가 할 수 있는 것에 집중했고 우리를 찾아 주는 모든 이가 안정감을 느낄 수 있도록 신경 썼으며 이 부분을 가장 중요하게 생각했다. 많은 사람들이 초기에는 엄청난 홍보를 하고 놀이 형태의 서비스로 즐거움을 많이 제공하기도 하지만 나는 조급하지 않게 우리의 교육들과 문화 그리고 제자들과의 안정감 있는 수업에 초점을 두었다.

반짝하는 이벤트는 상황에 따라 다르다. 상황에 따라 오버스럽게 이벤트가 필요하기도 하고 그런 이벤트를 꾸준하게 해야 하는 상황도 발생한다. 그럼에도 반짝 이벤트가 아닌 아이들과의 안정감 있는 교육을 선택한 이유는 신념과 교육 그리고 방향에 대한 이유가 첫 번째이고 장기적으로 갈수록 장점을 부각할 수 있다는 자신감이었다. 또한 본관과 그리 멀지 않은 곳에 위치해 있었기 때문에 지역 내에서도 추천을 많이 해 주셨다. 한 명에게 정성 들이면 반드시 빛이 난다는 것은 지금도 변함이 없다. 누군가 그 방법이 안 된다고 말해도 나는 그 사람이 아니기 때문에 섣불리 포기하지 않았다.

신규 지점을 오픈하고 얼마 지나지 않아서 싱가포르 국제 대회로 도장을 비워야 했다. 오픈한 지 정말 며칠 안 되어서였고 신규 제자들과 이제 막 얼굴을 알아 가는 시기였지만 많은 부모님들께서 믿어 주시고 응원해 주시는 힘으로 국제 행사까지 완벽하게 클리어했다.

한국으로 돌아와 평일/주말/아침/밤/낮 할 것 없이 할 수 있는 모든 것을 쏟아붓기 시작했다. 하루 중 눈 떠 있는 시간은 대략적으로 18시간 이상이었지만 단 한 번도 불평하지 않았으며 신뢰할 수 있는 도장을 만들고자 집중했다.

지도자가 어렵고 피곤하고 힘든 것이 제자들과 부모님들에게 전달되는 것은 있을 수 없다고 생각했다. 올림픽에 출전하는 국가대표가 오늘은 감기라고, 근육통이라고 하루를 쉬어 갈까? 과연 얼마나 그럴까? 사람이 할 수 있고 이미 누군가 하고 있는 정신력이라면 시간이 걸릴 뿐 나는 가능하다고 생각했다. 그래서 보이지 않는 시간에 '노력으로 만든 환경'이 필요했고 현장에서는 제자들과 팀원들이 그만큼 안정감을 느끼게 되었다.

어떤 것이든 안정화로 만들 때는 시간이 필요하다. 바빠진 일정에도 상담과 등록을 해야 하기에 반자동 시스템과 매뉴얼화된 체계로 갖추었다. 초기 운영에서 가장 중요한 한 가지는 운영의 '선순환을 만드는 사이클(CYCLE)'에 도달하는 것이다. 운영을 하다 보면 대부분의 사람들은 안 되는 것이 무엇이었는지 찾고 그것을 보완하려고만 한다. 나 또한 그런 부분은 메모까지 하고 기록하며 하나씩 순차적으로 처리한다. 하지만 '잘된 이유는 무엇이었는지'에도 집중해야 한다. 우리는 우리의 장점을 잊는 경우가 많다. 한 심리학 강의에서도 장점을 살리면서 전체적인 향상이 되었을 때 단점도 자연스럽게 보완된다는 것이다.

프랜차이즈, 가맹점으로 확장을?

운영을 하다 보면 안정화 기간을 지나고 투자에 대한 부분을 생각하기도 한다. 이때 개인의 브랜드로 확장하거나 신규 등 여러 가지 방법이 있을 텐데 이번 장에서는 기존 브랜드로 이야기하고자 한다.

프랜차이즈, 가맹점은 사실 관리부터 지원 등 여러 가지가 체계적이고 법적 조항 등이 포함되며 전문가의 자문과 도움이 필요한 것이 사실이다. 만약 이런 부분이 부담이 된다면, 전수창업의 방식을 추천한다. 전수창업의 경우 개인이 가지고 있는 기술과 영업 비밀을 창업하려는 당사자에게 전수하는 방식이다. 꼭 프랜차이즈나 가맹점 형식으로 가고자 한다면 다양한 서류와 그에 적합한 양식까지 구비가 되어야 하고 가맹을 위한 법적 절차나 이에 따른 여러 가지 상황에 대비할 수 있는 전문가에게 꼭 상담을 받고 진행하기를 추천한다.

간혹 문서에 몇 글자를 쓰고 양식이라고 하는데 서류는 암묵적 약속이고 그 약속의 틀은 매우 상세하게 기록되어야 한다. 우리가 신용카드를 하나 만들더라도 엄청난 양의 이용 약관과 내용으로 몇 장을 사인하는 것을 보면 된다. 확장을 통한 가맹형식 또는 프랜차이즈화를 고려하는 분이라면 반드시 전문가의 자문을 구하기를 바란다. 다만, 지속적인 관리를 위한 단체를 하고자 한다면 가맹형식으로 관리하는 것이 필요하다.

네이버 플레이스
리뷰를 꼭 해야 하나요?

이용 고객이 진심을 담아 글을 작성했다면 해당 리뷰로 인해 많은 사람들에게 긍정적인 영향을 미칠 것이다. 이런 소중한 리뷰는 마케팅 업체가 아니기에 신뢰할 수 있다고 생각한다. 고객의 리뷰는 정말 소중하기에 많은 업체와 지도자들에게 고민인 부분이기도 하다.

그래서 현재 사용할 수 있는 몇 가지를 안내한다. 여러 강의 및 세미나를 통해서도 비슷한 형태로 진행되어 전국적으로 비슷한 패턴인 것 같다.

Remark
- 리뷰 작성 시 교육비를 할인
- 리뷰를 통한 이벤트 진행
- 체험을 하고 싶다면 리뷰를 작성
- 체험을 했다면 리뷰를 작성
- 리뷰 작성하면 ○○○ 선물 등

이처럼 다양한 방법이 있지만 패턴은 비슷하게 활용되고 마케팅 업체나 세미나를 통해 공식처럼 돌고 돈다. 그렇기 때문에 언젠간 또 흐름이 바뀔 것을 대비하는 것이 좋다.

네이버 예약 시스템 필요한가요?

네이버 예약 시스템은 누가 어떻게 활용하는지에 따라서 그 효과는 천차만별이 될 수도 있을 것 같다. 다음 사진은 약 10개월 동안의 데이터이다. 100여 건의 예약과 유입 수 400회 이상을 보면 하지 않을 이유가 없고 이를 잘 활용하기 위해서 내부적으로 시스템을 잘 구축하는 것이 필요하다(*이를 통해 오프라인으로 연결된 상담까지는 과연 얼마나 될까?).

▲ 네이버 플레이스를 통한 예약 현황(이루다태권도 한국-수청점 자료)

고객수 트렌드 ⓘ

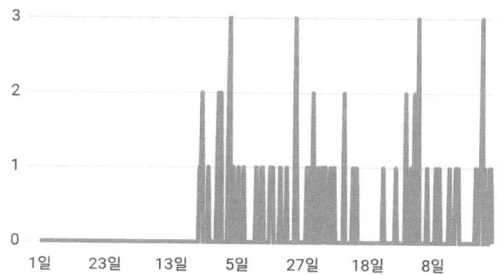

고객분석 ⓘ

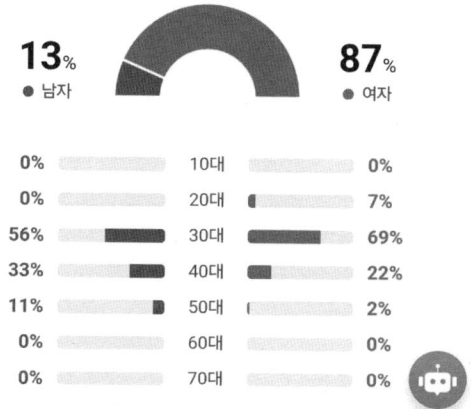

▲ 분석을 통해서 연령에 적합한 홍보 및 마케팅을 할 수 있다.
(연령대에 맞춰 홍보 전략 세우기)

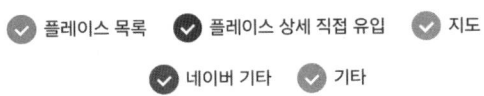

유입 채널 ⓘ   서비스 **키워드**

1	이루다태권도	48.78%
2	당진이루다태권도	34.15%
3	당진이루다	7.32%

▲ 키워드 분석

유입 채널 ⓘ   **서비스** 키워드

네이버 플레이스		87.31%
네이버 지도		6.97%
네이버		3.23%
웹사이트		2.49%

▲ 유입 채널 분석

▲ 예약 신청만 100건이 넘는 것을 확인. 취소 건이 있으므로 순수 신청자는 아니겠지만 유의미한 숫자다.

꼭 해야만 하는지 질문한다면, 하지 않을 이유가 없다고 말하고 싶다.

First와 Unique가 요구되는 시대

"지도자는 자격을 취득하고 거기서 끝이 아니다. 품격 있는 지도자가 되기 위해서는 절대적인 시간이 필요하다."

근육도 생성되는 시간이 필요하고,
상처도 재생되는 시간이 필요하고,
초보자도 전문가가 되어 가는 시간이 필요하다.
세상 만물은 시간에 따라 하나의 현상처럼 변화한다.
지도자도 숙성되는 시간이 숙련으로 연결되며 격을 높이는 시간이다.

"자격을 갖추는 것만이 좋은 지도자라고 말하기는 어렵다."

품격을 갖춘 지도자는 실력과 능력, 태도가 바탕이 된다. 사회에 나와 현장에 있는 지도자들은 이미 현장에서 수많은 일들을 겪으며 성장했고 성장통을 겪었다. 자기만의 방식으로 해결하며 치열하게 실력을 갖췄고 다양한 지혜가 함께하며 제자들이 안정감을 느낄 수 있는 좋은 지도자로 불린다.

많은 지도자들은 제자가 만나는 '첫 지도자'이고 제자만의 '특별한 지도자'이다. 지도자들의 격은 이런 의미로도 중요하다. 말하지 않아도 태도만으로도 신뢰를 줄 수 있는 지도자의 품격은 분명히 다른 온도를 나타낸다. 품격이 다른 지도자에게 우리는 또 다른 말로 급이 다르다고 표현한다. 누군가는 좋은 대학을 나오지도 않았고 선수 출신도 아니고 좋은 메달을 많이 딴 것도 아닌데 지도자로서 어떤 것을 내세울지 고민하기도 한다.

전 세계에 많은 지도자들이 있지만 메달로만 지도자를 하는 것은 아니다. 1등은 절대적인 선택 요인이 아니다. 부모도 처음부터 실력으로 부모가 되지 않지만 책임감을 가지고 함께하면서 훌륭하게 성장할 수 있도록 한다. 지도자라면 책임감을 가지고 만들어 가는 것이 더욱 품격 있게 한다. 책임감은 국가대표라도 우열을 가릴 수가 없다. 지도자로서 맡은 일을 얼마나 책임감 있게 하는지가 정말 중요하다. 품격을 갖춘 지도자라면 위로와 공감만으로 그치는 것이 아닌 삶의 방향을 제시하는 훌륭한 지도자가 되어야 한다.

지도자와 관리자 누구나 책임감이 없으면 불안한 운영과 감정을 안고 지내야 한다. 우리는 성인이 되면서 책임감 있게 행동해야 한다고 배우듯이 책임감은 지도자에게 가장 필요한 부분 중 하나이고 사람들로부터 신뢰를 얻는 중요한 요소이다. 다만, 누군가의 정해진 기준에 못 미쳤다고 지나치게 의기소침할 필요가 없다. 지도자 스스로가 기준이 되어 지도하는 품격 있는 지도자이길 바란다.

시스템을 만들어 갈 때
주의해야 하는 것

원활한 운영을 하다가도 확장(*인원, 구조, 장소 등을 포함)을 필요로 할 때 '시스템'은 반드시 필요하다. 이런 시스템을 계획할 때는 중요한 두 가지가 있다.

첫째, 운영 매뉴얼과 시스템은 지도자가 편하기 위한 것이 목적이 되어서는 안 된다. 다시 말해 내가 없이 운영만 하도록 말로 하는 것은 시스템이 아니라 감정 시스템이다. 시스템을 일부분만 시스템화 한다면 운영을 하면서도 '원활한 흐름'을 만들어 내지 못한다. 시스템의 전체적인 흐름이 지속적으로 끊기지 않도록 모두 세분화시켜서 작업을 해야 한다. AI에게 정확한 질문을 던질 때 양질의 답변을 얻을 수 있는 것처럼 말이다. 그래야만 전체적인 '흐름'이 끊기지 않으며 이 흐름이 시스템으로 순환될 수 있다. 그리고 완성된 시스템이라 하여도 '완성은 없다.' 늘 점검하고 개선하며 반복하는 패턴이 필요하다. 일반적으로 기록을 세밀하게 할수록 도움이 된다. 또한 매뉴얼은 개선하고 수정하기 위해서 **"받아들임"**이 중요하다. 고수가 고집인 것은 본인만 모를 수 있다.

시스템을 만들기 위해서 무엇부터 해야 하는지 모른다면 내 사업장의 '사업계획서'를 가지고 있는지 점검해 보라. 사업계획서는 시스템의 큰 틀이 되고, 사업계획서가 없는 큰 사업체는 없다.

둘째, 매뉴얼이나 시스템을 만들어 가는 과정에는 엄청난 작업과 시간 등을 투자해야 한다. 만들어졌다고 해도 점검과 개선은 필수이고 잘못된 판단을 하지 않기 위해서는 신념과 방향이 중요하다. 시스템을 만들다 보면 흔히 하는 실수가 시스템을 만들기 위해 지나치게 시스템화하여 업무량이 증가하고 오히려 시스템은 더 많은 일을 못 하도록 하는 구조가 있다. 그래서 꼭 필요한 방식과 절차인지, 본질적으로 중요한 업무와 연결되어 있는지를 체크하는 것이다. 작은 일들을 너무 잘게 쪼개어 업무 자체를 바쁘게 만들거나 패턴 자체를 바쁘게 하는 등 이 모든 것들이 본질적으로 무엇을 위한 것인지 그리고 우리가 이때 놓치고 있는 것은 없는지 점검하는 것이다.

작은 시스템을 갖추는 것에 대한 강박보다는 본질을 놓치지 않는 눈이 필요하고, 사업이 지속적으로 운영될 수 있도록 '흐름'을 만드는 것이 시스템의 가장 중요한 우선순위다. 흐름이 끊기면 시스템도 무용지물이다.

본질과 문제의 핵심을
알아야 하는 이유

　지도자가 제자를 교육할 때 앞 차기 하나만 지도하더라도 여러 곳에서 교육을 받고 세미나에서 배워 온 그대로 지도하면 그런 "느낌의 완성"은 할 수 있다. 하지만 다음 단계로 나가고 싶을 때마다 막히는 순간을 맞이하게 되고 더 이상의 발전 없이 그렇게 끝이 난다. 이런 부분이 '습관화될 때' 창의적인 생각은 방해가 된다. 결국, 또 다른 누군가의 도움이 필요하여 좋은 배움을 찾아다니지만 이것이 반복되고 익숙해진다. 결국 핵심 가치를 찾는 눈은 메말라 갈 뿐이다.

　지도자라면 제자들을 교육하면서 기술만 교육하는 것들이 아니라 본질적인 교육을 할 줄 알아야 한다. 본질적인 부분을 알게 되면 많은 것들을 완성하고 **나아가 응용까지 가능하여 동작의 다양성이 그때부터 구현 가능하다.** 제자들에게도 이런 '방향성'의 지도가 될 때 제자들은 따라 하기에 그치지 않고 발전에 발전을 거듭하는 순간을 맞이한다. 제자들은 따라하거나 스스로 접근하는 방향성을 배우면서 본 교육을 넘어 개인의 운동과 연습, 훈련 단계로 접근하는 법을 터득한다.

　따라서 지도자는 'HOW?', 'WHY?', 'WHAT?' 등을 파헤치고 지도자 스스로만의 정제된 지도법이 필요하다.

반짝 마케팅이 아닌,
'정공법'으로도 가능하다는 믿음

"반짝 마케팅을 위한 것이 아니다.
정공법으로도 실력을 갖춰 가며 노력하면 가능하다는 것을 더욱 많은 사람들이 알았으면 한다."

많은 지도자들이 세미나에 참석하고 교육을 받고 개인 훈련부터 팀 훈련, 단체 훈련, 주말 행사까지 아침 밤낮없이 많은 노력을 한다. 많은 지도자들은 꾀나 모략을 하지 않고 이미 '정공법'으로 노력하지만 모든 사람들이 성공의 길을 걸어가는 것은 아니다. 80:20 파레토의 법칙처럼 소수를 비추고 그 소수의 지도자들은 누군가에게 부러움과 동경의 대상이 되기도 한다.

그러나 누군가의 성공 비법은 다른 누군가에겐 적용되지 않을 수 있다. 지난 역사상 많은 성공담들은 단 하나의 방법이 아닌 복잡계 영역이라고 입을 모아 말한다. 만약 누군가 단 하나의 방법으로 가능했다고 말한다면 복잡하게 얽히고설킨 부분들을 모두 알지 못했을 가능성이 높다.

위에서 언급했듯이 우리는 모두 노력하고 저마다의 방식으로 최선을 다한다. 그럼에도 작은 차이로 방향이 달라지고 시간이 지나면 그 차이는 확연히 벌어진다. 작은 차이가 너무나 중요하지만 당장 눈앞에 결과물이 보이지 않기 때문에 작은 차이를 중요하게 생각하지 않는 경우가 많다. 올바른 방향성과 작은 차이가 시간을 만나며 단단해지고 또 단단해진다. 이때부터 누군가는 작은 차이로 무너지지만 누군가는 작은 차이로 격차를 벌린다.

"실행과 추진력"

이미 결정한 방향에 대하여 지나치게 조언을 듣기 시작하면 속도도 더디고 방향성 또한 모호해진다. "눈에 띄지 못하는 브랜드는 죽는다"라는 말이 있듯이 모호해진다는 것은 눈에 띄지 않는다는 것이고, 눈에 띄지 않는다는 것은 가치 있게 볼 수 없다. 그리고 가치가 없는 것은 사람들이 찾지 않는다. 지도자가 아무리 좋은 마음을 가지고 있어도 눈에 띄지 않는다면 찾아갈 수 없다.

지도자마다 신념과 철학이 있기에 교육과 운영을 하다 보면 그 색은 나타나게 되어 있다. 각자 가지고 있는 고유의 힘이 색으로 발현될 때 주변에서 매력이 있다고 말하고, 쉽게 따라 할 수 없는 가치로서 빛이 나기 시작한다. 주변을 따라 하기만 하면 색을 나타낼 수 없다. 각자 가지고 있는 고유의 분위기, 온도, 언어, 대화, 교육, 관리 등 많은 공부와 연구를 해야 한다. 만약 시행착오를 겪어야 한다면 빨리 그리고 많이 겪으며 나아가면 된다.

정공법은 가만히 마음만 가지고 있는 것이 아니다. 게으름을 둔갑한 시스템을 지나치게 찾으려 애쓰지 말고 기본부터 채우고, 점검하며 나아가야 한다. 유행은 돌고 돌기 때문에 운영 방식도 돌고 돌며 시대의 흐름에 따라 변화한다. 하나의 성공 운영법이 시대적 방법이자 하나의 정답일 뿐 전설적인 하나의 정답은 아니다.

교육을 오래하다 보면 개인의 아이디어와 열정이 소진되었을 때 유행을 따라가는 경우가 있지만 지속되어서는 좋은 이미지를 전달할 수 없을 것이다. 이와 반대로 '정공법'은 지도자에게도 너무나 잘 어울리는 단어이고 제자들에게도 전달할 수 있는 교육적 가치가 있다.
지도자 스스로도 정공법으로 증명하거나 보여 줄 수 없는데 제자들에게 정공법을 교육하는 것은 어쩌면 모순이지 않을까 생각한다.

상황에 따라 이해하는 관점도 다르겠지만 자격 없는 사람이 지도자를 할 수 없듯이 우리는 이미 정직하고 바르게 이 길을 걸어왔다. 나의 걸음과 목소리에 힘이 실릴 수 있도록 조건만 갖추기보다는 실력과 품격을 높이는 지도자가 되어야 한다. 그러기 위해서는 정공법으로 증명하고 있는 지도자들과 그런 연구를 하고 있는 사람을 찾아가 방향에 대한 조언을 얻는 것이 가장 빠른 길이다.

산고의 고통을 겪어야 새 생명이 태어나고
꽃샘추위를 겪어야 봄이 오며
어둠이 지나야 새벽이 온다.
- 백범 김구

잘해 주는 것과
애정을 주는 것

"잘해 주는 것과 애정을 담아 주는 것은 다르다."

누군가는 그저 잠시 잘해 주는 사람을 따르는 경우가 있다. 멀리 살고 있는 친척을 만나러 가면 친척들은 반가움에 그 사람에게 잘해 준다. 친절을 받은 사람은 어떤 깊은 생각보다 순간적으로 느낀 감정임에도 가끔씩 그런 곳에서 살고 싶다고 얘기를 한다. 만약 외국 여행을 갔다 왔다면 그곳에서 받은 친절과 환대에 외국에서 살고 싶다고 할 것이다.

우리가 지도자라면 잘해 주기만 하는 사람이 아니라 진심과 애정을 담아 제자들이 느낄 수 있도록 해야 한다. 그래야만 제자들도 건강한 관계를 구분할 수 있고 성숙한 성장이 될 수 있다. 잘해 주는 것이 가장 좋은 것이 아닌 마음을 느낄 수 있는 사람이 되어야 또 다른 누군가에게 잘해 주는 것만이 아닌 마음을 담고 애정을 담아 진심으로 대할 수 있게 된다.

이렇게 성장한 제자들은 어떤 일이 발생해도 후회 없이 미련 없이 건강하게 성장한다. 누군가 잘해 주는 것만이 사랑받는 것이라고 느끼지 않도록 잘해 주기만 하지 말고 진심과 애정을 담아 교육해 보자. "감정도 품격이 있다." 부모는 자녀를 위해 다양한 감정을 선물하며 성장할 수 있도록 돕는다. 잘해 주는 것만이 아니라 교육이 필요하다.

여전히 수동적인
지도법

　도움을 받던 나라에서 도움을 주는 나라로 초고속 경제 성장을 만들어 낸 한국, 오늘날 세계 10위권의 경제 규모로 성장하며 교육과 의료 등 도움을 주는 강국이 되었다.

　세계적인 한국의 위상에 걸맞게 태권도는 국기로 지정되며 한국을 대표하고 있고 올림픽에서 여전히 좋은 성적을 만들어 내지만 위협을 받고 있는 것도 사실이다. 태권도의 지도법은 수천수만 가지가 넘는다. 한국에서 해외로 교육을 전파하며 해외 사범들의 노력까지 더해져 전 세계적으로 태권도의 수준이 상향평준화되었다.

　일선 태권도장에서는 시대의 변화에 따라 수동적인 지도법에서 능동적인 지도법으로 변화하고 있지만 여전히 과거 지시와 복종의 분위기가 형성되는 곳도 있다. NTL Learning Pyramid(학습피라미드)에 의하면 강의 듣기(Lecture), 읽기(Reading), 시청각 수업(Audio-visual), 시범 강의 보기(Demonstration), 그룹 토의(Group discussion), 실제 연습(Practice by doing), 다른 사람 가르치기(Teaching others/Immideate use of learning) 순서로 기억률이 증가한다. 교육을 듣기만 하면 5%의 기억률이 다른 사람에게 가르치는 것만으로도 90%까지 향상된다. 물론 학습 과정에 의한 부분이지만 지도자는 이런 교수법을 활용할 줄 알아야 한다. 언제까지 반복된 수업을 고수한다며 고집할 것인가? 지도자 중심의 수동적 교수법이 아닌 질문에 답하고 토론하는 등 제자들에게도 시간을 분배하는 것이 필요하다. 이때 이론 자료를 첨부해 주는 것을 추천한다. 지도자는 여러 가지를 시험하는 과정에서 자기만의 스타일로 출력하려면 시간은 오래 걸리겠지만 그렇다고 변화를 포기할 수는 없다.

아는 것과 모르는 것을 구분하는 명확한 방법 중의 하나는 타인에게 설명할 수 있는지에 따라 이해만 한 것인지 이해를 넘어 완전히 내 것으로 흡수되었는지를 알 수 있다. 흡수된 교육들은 잊어버리라고 해도 쉽게 잊히지 않는다. 지도자 혼자만 최선을 다하는 것이 아니라 흡수를 할 수 있도록 하고 여러 가지 방법과 방향을 제시하며 제자들과 방법을 찾는 것도 의미 있는 시간들이다.

내 몸에 흡수된 교육들은 그 누구도 훔쳐 갈 수 없다.

쉬운 프로그램일 뿐,
어른의 속도를 원한다

제자들을 교육할 때 많은 지도자들이 연구하고 또 연구하며 난이도를 고려하고 흥미를 접목하며 단계별 교육을 준비한다. 누구라도 그러하듯 제자들에게 조금이라도 더 채워 주고 싶고 보다 쉽게 이해할 수 있도록 간절한 마음이 있다.

프로세스는 쉬운 것부터 어려워지는 과정까지 만들며 단계별 교육이라고 말하기도 하지만 "난이도만 쉽게 했을 뿐이지 어른의 속도로 교육하고 어른의 속도로 이해하기를 바란다."

이 과정에서 기다리지 못하거나 이해의 속도를 바라기만 할 때 아이들은 더욱 혼란스러울 뿐이다. 사람마다 속도가 있고 개인마다 이해하는 속도가 다르다. 그렇기 때문에 지도자가 있고 그렇기 때문에 부모가 있는 것이다. 조금 부족한 것이 아니다. 그 아이만의, 그 사람만의 속도로 이해하는 중이다. 그래서 이해를 하는 것도 중요하지만 그 사람의 속도를 존중해 주는 것도 필요하다.

나는,
저력이 있는가?

"나는 저력이 있는가?"

누구나 잘하는 것은 어렵다. 그래서 기본 중의 기본이며 그 기본을 잘해야 하는 것 중의 한 가지가 '꾸준함'이다.

그런데 이 꾸준함도 버티며 하는 꾸준함이 있고, 잠재력을 쌓아 가는 꾸준함이 있다. 막연하게 버티는 꾸준함은 결국 버틴 것일 뿐 저력을 과시할 수 없다.

잠재력을 쌓고 쌓을 수 있도록 올바른 방향 설정과 내공을 쌓을 수 있는 방향으로 축적되어야 한다.

이것들은 기회를 만날 때 저력을 발휘한다. 버틴다고 다 잘되는 것이 아니다. 버틸 때도 방향이 있다.

나는 저력을 발휘할 수 있는 시간을 축적하고 있는가?

"기회는 기회를 만든다."

업무 소통이
잘 안될 때, 생각의 전환

"업무를 하다 보면 소통이 잘 안될 때 어김없이 문제가 발생한다."

지도자의 도장이 대형이든 아니든 지도자들마다 각자 맡은 업무가 있다. 자신의 직급 체계에 따라서 누군가는 전체를 운영하고 누군가는 시간대별, 누군가는 업무별 등 각자의 맡은 일을 최선을 다해 문제나 사고가 발생하지 않도록 노력한다.

그런데 이런 시스템도 무색하게 소통의 부재 또는 시스템의 잘못된 이해 등으로 업무 전달이 안 될 때가 있다. 이럴 때는 어김없이 문제가 뒤따르고 관리자는 이를 보완하기 위해 또 하나의 시스템을 추가하기도 한다. 그렇게 개선된 시스템으로 개선이 되면 베스트지만 그렇지 않을 경우 시스템은 오히려 하나가 추가되어 업무가 증가했을 뿐 본질적인 문제 해결이 안 되는 경우도 있다. 이럴 때는 보고체계를 통합하거나 없애는 것이 더 잘 풀릴 때가 있다. 만약 소통의 문제가 발생할 때는 그 문제를 개선하기 위해 보완하고자 업무를 추가 보고할 것이 아니라 하나 빼기를 시도해 보면 된다.

"Simple is the best."

흔들리지 않는 침착함

휴대폰 속 세상에는 많은 사람들의 성공적인 모습과 감각적이면서도 활기차게 살아가는 모습들이 보인다. 그런 모습을 보며 나는 왜 이럴까? 신세 한탄을 하거나 마인드가 무너지고 괴리감을 느끼게 되는데, 사실 그 무엇도 영원하지 않다. 우리는 서로의 상황이 다르다는 것을 인정하는 것에서부터 출발해야 한다.

과정이 없는 결과적인 모습, 맥락 없는 자극적인 것들에 흔들리지 않도록 멘털을 잘 부여잡아야 하고 어떤 신념과 철학으로 지속할지를 생각하고 실천해야 한다.

침착함은 여러 가지 상황에서도 필요하지만 현장에서 활동하는 운영자, 지도자라면 반드시 가져야 하는 태도 중 하나이다. 우리는 일상생활부터 지도를 하는 순간에도 다양한 일들이 발생하는데, 그 속에는 작은 부상부터 예상을 할 수 없었던 일들까지 발생한다. 예방을 하고자 지나치게 조심하다 보면 아무것도 할 수 없을 만큼 예민해지고, 그렇다고 너무 느슨하면 사고가 발생한다.

침착함은 발생 후에도 필요하지만 평상시에도 올바른 선택을 하는 데 큰 도움을 준다. 지도자가 어떤 상황에서도 침착함을 잘 유지한다면 결정적인 힘을 얻게 될 것이다. 안정감 있는 지도자의 모습에 싫어할 사람은 없을 것이다.

▲ 사각지대를 없애고 이용자들의 이동 동선과 안전에 최우선으로 기획하는 모습 (인테리어 전)

단골과 팬이 되는 문화
그래서 필요한 문화

　단골은 어떻게 만들어지는 것이고, 팬덤은 어떻게 형성되는 것일까? 여러 가지 이유가 정답이고 방법이 될 수 있을 텐데, 우리 지도자가 현장에서 이해할 수 있도록 상황에 맞춰 생각해 보자. 보통 기업은 제품과 서비스로 단골을 만든다. 예를 들어 누군가는 삼성을 사용하고 누군가는 애플을 사용한다. 서로 좋다고 하는데 각자만의 이유가 분명하다. 보통 어떤 기업의 제품이 좋기 때문에 그리고 나에게 좋기 때문에 사용을 하고, 파손이 되면 다시 재구매를 할 때도 해당 기업의 제품으로 구입하며 단골이 된다.

　그러나 팬은 서비스나 제품이 좋아서만 팬이 된다고 말하기에는 무엇인가 부족하다. 그래서 팬은 마음까지 담긴 영역이 필요하다.
　제품을 구입 후 애프터서비스, 관리, 이벤트 등이 감동을 줄 만큼 충분하다면 소비자는 구매자에서 팬으로 전환된다. 이런 부분을 전환해 생각해 보면 빈틈을 채울 수 있는 방법이 보이고 흔히 발생할 수 있는 오류를 찾을 수 있다.

　지도자의 교육은 괜찮은데 서비스와 관리가 안 된다.
　지도자의 서비스는 괜찮은데 교육이 부족하다.

지도자의 관리는 괜찮은데 교육이 부족하다.

등….

"제품과 서비스가 꽝인데 팬 만들기에만 집중?"

제품과 서비스가 좋지 않은데 지나치게 팬을 만들고자 마음의 영역인 감동을 선물하려 하는 경우를 많이 본다. 소비자는 아직 제품이나 서비스에 만족이 안 되었는데 자꾸 감동만 주려 하니 의미 전달이 안 되는 것은 물론이고 '감성만 자극하려는 활동'으로 보이게 된다.

그래서 팬을 만드는 문화와 시스템은 너무나 중요하다.

"관계적인 커뮤니케이션의 중요성"

단골은 만족하면 만족감으로 끝날 수 있지만,
팬은 만족하면 구전을 발휘한다.
단골은 만족이 채워지면 만족감에 떠날 수 있지만,
팬은 만족이 채워지면 더욱 열정적으로 기뻐한다.
단골은 제품과 서비스로 끝날 수 있지만,
팬은 제품과 서비스 그 이상의 영역이다.
단골은 떠날 수 있지만,
팬은 기다리고 함께 역사를 만들어 간다.

우리 지도자들도 단골을 만드는 것에만 집중했다면, 올바른 팬을 만드는 과정을 연구해 보길 바란다. 나는 과연 좋은 제품과 서비스를 먼저 제공하는지? 단순히 발행하고 출시만 하는 것인지? 사후 관리부터 감동까지 전달할 수 있다면 보다 효과적인 결과를 맞이할 것이다.

바쁘고 촉박함의 연속

사람은 바쁜 일정 속에서 선함이 나오기 어렵다는 심리학 연구가 있다. 어떤 일을 하기 위해 이동하던 중 선함을 필요로 하는 상황이 펼쳐졌지만 시간의 압박이 온다면 올바른 선택을 하기가 쉽지 않아 도움을 주지 않는다는 것이다.

≫ ------------ 상황 ------------- 일정 ------- ≫

하루의 시작을 어떻게 시작하는지도 중요하지만 아이들을 맞이하기 전에는 조급한 일정을 두지 않는다. 이 패턴만으로도 감정적으로 발생할 수 있는 부분을 어느 정도 예방할 수 있다. 본 도장에서는 오픈 전 늘 비슷한 온도와 분위기, 환경을 세팅하고 제자들을 맞이한다. 물론 프로그램에 따라서 분위기가 180도 달라지기도 한다. 이를 차량으로 생각해 볼 수 있다. 시간이 촉박한 노선은 운전자에게 조급함을 느끼게 하고 이는 매일 반복된다. 반복된 패턴은 여러 가지 상황을 고려했을 때 도움이 되는 부분이 아니기 때문에 안전과 장기적인 전략을 위해서는 안정적인 노선으로 변경하는 것이 좋다.

교육의 시간도 제각각 다르다. 1시간, 50분 등 알차게 채우고자 지나치게 촉박한 준비와 마감을 하는 곳이 있다면 과감하게 점검해 보길 바란다. 언제 어디서나 안전사고는 가장 우선시되는 부분인데 이 부분을 가로막는 장애물이 조급함이다. 모두를 만족시킬 수 없다. 그러니 조급하게 하는 패턴을 점검하고 개선해야 한다.

 교육을 할 때 설명이 부족했거나 설명을 생략한 채 안전사고가 발생했다면 문제가 발생했을 때 실제 문제 소지가 될 수 있다. 따라서 사전에 충분한 설명과 환경까지 갖춘 후에 진행해야 한다.

노력과 재능만 믿을 때
만나게 되는 오류

우리는 무언가를 시작할 때 단단한 마음가짐으로 시작한다. 노력을 하고 최선을 다하고 헌신하고 모든 것을 갈아 넣는다. 더 깊은 표현과 자극적인 단어가 있다면 그 말을 사용하고 싶을 것이다. SNS, 다양한 매체를 통해 보게 되는 주변의 성공 속에서 수없이 되뇌고 반복되는 마인드셋은 정신적 단련과 고통을 동반한다.

"시간+노력+효율성"

사람은 시간이 흐르면 나이가 든다. 시간이 지나 나이가 들어 가면서 나의 양적 노력은 크기가 줄어든다. 양적 노력의 크기가 컸던 초기에는 이루는 것도 양적 노력에 따라 어느 정도 이뤄 가겠지만 양적 노력이 어려워지는 나이에서는 자연스럽게 노력이 줄고 이뤄 가는 것도 줄어든다.

현재 나이와 마음가짐, 정신적/신체적 체력은 노화를 피할 수 없다. 언젠가는 노동적 노력에 따른 성과들이 줄어들 수밖에 없다. 그래서 우리는 시스템을 구축해야 하는 것이다. 시스템이 나의 노하우를 체계적으로 다룰 수 있도록 만들어 준다.

20살에 할 수 있는 노력과 성과
30살에 할 수 있는 노력과 성과
40살에 할 수 있는 노력과 성과
50살에 할 수 있는 노력과 성과

노력도 다 때가 있고 할 수 있는 시간도 그리 많지 않다는 간절함으로 실천해 보자.

"JUST DO IT."

창업을 위한 창업인지,
교육과 지도를 위한 창업인지 구분한다

창업을 처음 할 때는 여러 가지 구색을 갖춰 설립하고자 한다. 우리는 사업자를 설립하는 것이 맞지만 또 하나의 목적과 목표는 교육과 지도이다. 그리고 그런 교육과 지도로 사업을 영위할 수 있는 능력, 그런 능력을 지속 가능하게 하는 시스템이 갖춰져야만 하나의 사업체가 운영될 수 있다.

사무실을 만들고, 휴게실을 만들고, 운동 공간, 탕비실, 독서실, 여가존, 탈의실, 창고, 놀이방 등 공간 구분을 넘어 소품과 제품들로 꽉꽉 채워 완벽한 준비를 하고 싶은 사람들이 있다.

"우리의 목적은 설립만을 위한 창업이 아니다."

화려한 인테리어와 소품, 제품이 흥미를 끌 수 있어도 교육과 지도가 없다면 깊이가 없다.
눈을 사로잡는 마케팅이 반짝 모을 수는 있어도 교육과 지도가 없다면 지속 가능한 힘이 없다.

우리는 숙련된 운영 능력을 가진 사람에게 창업가라고 말하지 않는다. 창업을 했다면 다음 스텝을 밟고 나아가는 지도자가 되어야 한다.

지도자는 운영과 경영 전반적인 시스템의 구조를 이해하고 머릿속에 그릴 수 있을 때 여유가 생길 수 있고 여러 가지 변수에도 대비하고 예방할 수 있다.

다시 한번 강조하자면, 우리는 창업가로 끝나는 창업가가 아니다. 창업으로 끝나면 안 된다. 지도자는 다음 스텝을 밟고 나아가야 한다.

"STEP TO STEP." 한 걸음 한 걸음씩

브랜드 체력,
지도자의 체력

사람은 어떤 결과물을 내려고 할 때 반복적인 훈련과 연습이 필요하고, 그것들을 버티고 시너지를 낼 수 있는 근육과 체력이 필요하다.

지도자를 시작한 지 얼마 되지 않았다면 지도자의 근육과 체력이 필요하다(*여기서 말하는 근육은 울긋불긋 근육을 말하는 것이 아니다. 치열하게 생존하고 성장하면서 다져지는 지도자의 능력과 실력이다). 무작정 열정을 가지고 불태우는 것이 아닌 지도자의 격으로 발휘할 수 있는 힘이 필요하다. 지도자로서 연차가 오래되었다면 노련미가 돋보이도록 체력 관리가 필요하다.

은퇴 선수들도 마음과 의지는 있어도 과거처럼 훈련하거나 연습하지 못하기 때문에 과거처럼 기량을 발휘하거나 좋은 결과물을 내기란 어렵다. 지도자들의 체력도 만들어 가기 나름이다. 관리 못 한 체력엔 신체뿐만이 아닌 마음, 정신 모두 포함된다. 건강을 교육하는 곳에서 건강하지 못한 지도자가 건강을 교육한다고 하면 신뢰는 줄어들 수 있다.

심플하고 명확한 생각을 위해 같은 티가 10장

팬데믹 이후 고민은 줄이고 실행력을 높이기 위해서 환경 세팅이 필요할 때가 있었다. 우리가 당연하게 도복을 입듯이 집에서 출발할 때 같은 티셔츠 10장을 구비해 입었다. 조금이라도 더 중요한 선택에 고민하고자 했고 현재도 습관이 되어서인지 중요한 일정과 목표가 있을 때는 비슷한 패턴을 만들곤 한다.

"당신은 어떤 환경까지 세팅 중인가?"

자신만의 환경 설정을 위해서는 루틴이 필요하다. 완벽한 루틴을 만들기 위해 불필요한 일이 증가한 것은 아닌지 체크할 필요가 있다. 루틴은 삶과 일에서도 큰 도움이 되지만 강박처럼 불필요한 것도 억지로 지킬 때가 많다. 환경 설정을 심플하게 만들어 보자.

심플하게 만든다는 것 자체가 쉽지 않기 때문에 심플하게 만들어지는 순간, 우선순위를 결정하는 데 큰 도움이 된다.

지도자는
계속 발전해야 한다

"지도자의 격에 따라 격차는 벌어진다."

생각과 사고의 격차,
수준의 격차 등

포인트를 캐치하는 능력,
위험을 캐치하는 능력,
본질을 파악하는 능력 등

다 같은 지도자가 아니다.
'격'에 따라 격차는 벌어진다.

아이들이
불안하지 않은 공간

어떤 의료 기계는 원형 통 안으로 아이들이 누워서 하늘을 바라본 채 들어가야 한다. 아이들의 눈에는 너무나 무서운 공간일 수 있어 울음을 터트리거나 들어가는 것을 어려워하는 경우가 많다.

이런 어려움을 하나의 아이디어로 변화시킨 방법이 있었다. 아이들의 호기심이 가득 차게 할 수 있는 '눈높이 디자인'이었다.

"우주 대탐험, 같은 공간이라도 문구부터 디자인까지 디테일하게 신경 쓴다."

이 기계는 우주 공간으로 디자인하여 원형 통 안에 들어가는 시간을 우주 탐험을 하러 가는 시간이라고 말했다. 예전 어느 미용실에는 어린 아이들을 위해서 의자를 어린이 자동차로 제작하여 의자에 앉을 수 있도록 디자인을 했다.

이런 인사이트를 도장에도 접목할 수 있다. 한때 계단을 올라오면서 '넌 최고야', '이 세상에서 가장 예쁜 나', '가장 멋진 나' 등의 부착된 문구를 본 적 있을 것이다. 이런 관점에서 보면 이해하기 쉬울 것이다. 도장만의 캐릭터가 있다면 처음 도장에 방문하는 사람들이 잘

보이는 곳에 맞춰 디자인을 해 둘 때 아이들의 거부감이 줄어들 수 있다. 전체적인 콘셉트, 기획, 방향, 공간 구분에 따라 입구에서부터 색 다르게 할 수도 있고, 아이와 처음 만나는 순간 즉시 아이의 이름부터 물어보며 친근하게 접근하는 방법을 선택할 수도 있다. 가능하다면 사전에 이름을 받아 그 이름을 입구에 적어 도장에 올 때 미리 보이게 해 보라. 아이는 이곳에 자신의 이름이 보임으로써 안정감을 느낄 수 있다. 누군가는 부담감을 가질 수 있지만 아이들을 위한 진정성이 담긴 노력이란 걸 부모님은 느낀다.

Remark

복도가 있다면 복도 바닥에 '바닥 놀이 그림'을 그려 보라. '오는 길이 놀이의 길'이 된다. 만약 그릴 수 없다면 테이프로 붙여 보자.

도장에 오는 길에 느꼈던 감정부터 다른 곳과의 차별화가 만들어진다. 일단 마음에 들거나 두려움을 허물거나 해야 한다.

필수 중 필수
재무 상태 점검

어떤 설립자든 운영에 있어 재무 상태는 필수 중의 필수다. 하지만 담당 부서가 있는 것이 아니기에 지도자 스스로 배우고 관리하게 된다. 여러 지도자들을 만나며 느낀 점은 잘하고 있는 사람이 더욱 잘하고자 한다.

그들은 되는 방향으로 노력하면서 효과를 보고, 그 효과를 다시 힘이 나게 하는 원동력으로 보았다. 그들의 패턴은 반복적이었고 수시로 수정하며 시각화했다. 지도자들의 머릿속에는 재무제표의 수입과 지출에 대한 부분들이 정리되어 있었다.

그러나 또 다른 지도자들은 재무제표를 작성할 줄 몰랐고 누군가는 굳이 할 필요가 없다고 했다. 멘토링, 컨설팅, 운영교육으로 재무제표와 기본 점검 노하우를 공유하면서 늘 응원만 할 수 있는 것은 아니었기에 사실적인 표현도 조심스럽게 전했다. 그럼에도 사람들의 습관이 얼마나 무서운지 수없이 느꼈다. 한번 고착화된 습관은 쉽게 바꾸려 하지 않았고 바꾸는 것에 오히려 부정적이기도 했다.

폐업 직전인 곳도 지도자가 재능이 없는 것이 아니었다. 그때마다 흡수만 하면 된다고 전했지만 흡수하지 못했던 지도자가 더욱 많았다. 정답을 찾으려고 하는 순간 정답은 없어진다. 《지도자의 격》도 정답보다는 인사이트와 해결책을 제시한다는 부분에 초점이 크다.

양적 지도를 넘어 효율적인 지도

"배우는 사람이 배움 자체를 즐겁게 할 수 있도록 만드는 것은 쉬운 듯 쉬운 일이 아니며, 좋아하게 만드는 것은 더욱 어렵다."

특정 스포츠를 잘하는 사람은 해당 스포츠를 잘하는 것이지, 지도를 잘하는 것이라 말할 수 없다. 어떤 지도자는 자기가 선수 시절 성적이 좋지 못해서 지도할 때 자신이 없다고 하는데, 선수 시절은 이미 끝났고 선수 시절의 성적은 현재 내 눈앞에 있는 제자를 위한 지도와는 다른 부분이다.

과거 좋은 성적을 가진 지도자라고 해도 체계화된 교육이 불가능하다면 양적 지도만 가능할 뿐이다. 이런 방식도 일부분 가능한 이유는 어린아이들은 어느 정도 양적 부분이 실제로 효과가 있고 필요하기 때문이다. 지도자는 양적 교육이 효과를 발휘했다고 해도 양적 지도에만 집중할 것이 아니라 효율적으로 하기 위한 지도법과 연구에도 노력해야 한다.

핵심코어
'지도자'가 살아야 한다

모든 도장의 중심은 지도자로부터 연결되고 성공과 실패도 지도자로부터 달라질 만큼 지도자는 중요하다. 사람의 마음가짐과 태도가 중요하기에 '결'로 시작했지만 우리는 지속 가능한 환경을 만들기 위해서 실력과 능력이 받쳐 주어야 한다. 거듭 강조하지만 절대 잊지 말아야 한다. 모든 지도자들이 나쁜 마음으로 시작하는 곳은 없을 것이다.

좋은 마음으로 시작하여도 운영 미숙으로 관리가 어렵다고 느낀다면 소비자는 떠날 수밖에 없다. 지출을 감수해서라도 홍보와 마케팅으로 초기에 많은 사람들이 모였다 하여도 실력과 능력이 받쳐 주지 못하면 지속 가능한 사업으로 연결되기 어렵다.

'결'을 넘어 '격'은 지도자에게 너무나도 중요한 요소 중 하나다. 누구나 처음 마음가짐과 계획엔 특별한 의미가 담겨 있지만 점점 현실을 마주하면서 다양한 이유로 지속 가능한 환경을 만들기 어렵다는 것을 느낀다. 좋은 곳은 반짝하고 사라지는 것이 아닌 지속 가능한 환경을 제공하는 것이고 지속적으로 발전하고 개선해서 제자들이 좋은 환경에서 건강한 활동을 하고 꿈을 펼칠 수 있도록 해야 한다.

그렇다면 우리는 실력을 이야기할 때 꼭 최고가 되어야 하는 것일까? 대부분의 상황들이 최고가 되어야 하는 경우도 많지만 살아가다 보면 그렇지 않은 경우도 많다. 지도자는 제자들에게 살아남으려면 무조건 1등만 해야 한다고 지도할 것인가? 아니면 패배해도 무조건 괜찮다고 할 것인가? 또 다른 가치를 전달하는 교육이 제자들에게도 다양성의 눈을 뜨게 하고 꿈을 꾸는 부분에서도 도움이 될 수 있다. 1등만이 정답이 아니지만 지속적인 패배에 괜찮다고만 하는 것도 정답은 아닐 것이다.

"교육, 지도, 사업은 복잡하게 얽히고설킨 여러 가지의 요소들이 결합되었다. 한 가지로 지속 가능했다고 말할 수는 없다. 전 세계 어디에서나 '우리가 최고입니다'라는 말, 가치로 내세울 일이 과연 이뿐인가를 고민해 봐야 한다."

이 글을 읽는 순간에도 많은 곳들이 생기지만 사라지기도 한다. 《지도자의 결》로 시작하여 그다음 "격"으로 연결하며 기획했다. 여러 가지 이유가 있지만, 나 또한 현장에서 플레이어로 뛰고 있기에 지도자들의 상황과 환경을 이해한다. 바쁜 일정으로 책을 읽을 시간조차도 부족하다는 것을 알기에 언제 어디서나 읽고 참고하면서 공감과 인사이트를 얻을 수 있다면 충분하다.

"2024년도 태권도장의 수가 점점 줄어들고 있다."

각 지역별 집계가 아직 안 되었을 수 있겠지만 상황은 정말 심각할

정도로 어려운 곳이 많다. 일부 지방 도시의 경우 통합이 아닌 이상 지역 내 도장은 1개까지도 소식이 들린다. 지도자가 살아야 한다. 지도자부터 무너지면 안 된다.

"모든 것은 지도자로부터 시작하고 끝이 난다."

문제를 모르는 사람은
해결책을 제시해도 문제를 인지하지 못한다

"문제로 보이지 않는 것은 내가 문제로 인식하지 못하기 때문이다. 그래서 변화를 해야 할 타이밍에도 동기가 부족하다. 하지만 변화에는 꼭 동기가 있어야만 할 필요는 없다. 먼저 변하면 동기가 생기는 경우도 많다."

"아는 만큼 보인다"라는 말을 깊게 공감하며, 우리는 지도를 하다 보면 실력이 늘지 않거나, 운영을 하다 보면 의도와는 다르게 상황이 어려워지면서 고민이 많아진다. 그럴 때마다 외부를 탓하는 것이 아닌, 지도자 스스로부터 출발하는 것이 개선하는 가장 빠른 길이다. 지도자는 공부하고 연구하고 갈망하며 채워야 하는 것들이 많다.

현재 문제점이 있기 때문에 운영이나 지도에서 발전이나 개선이 더딘 것이다. 시장의 상황이 달라졌을 수도 있고, 상권의 흐름이 달라졌을 수도 있다. 또한 품새를 잘하는 곳에서는 겨루기 과정이 상대적으로 부족할 수 있고, 겨루기를 전문으로 하는 도장에서는 품새가 상대적으로 부족할 수 있다. 시범을 하는 경우에도 마찬가지로 어느 한쪽이 부족할 수 있다. 이런 상황에서 지도자들은 균형적인 교육을 위해 아침, 오전, 밤, 새벽을 활용하여 지도자 교육을 받고 품격 있는 지도자로서 책임을 다하고 있다.

시대적으로 지도법은 변화하고 있기 때문에 지도자라면 자기 자신이 가지고 있는 재능을 극대화할 수 있는 방안을 찾는 것도 중요하다. 여러 가지를 다 잘하려고 할 때 오히려 장점이 부각되지 않는 경우가 많다. 주언규 PD의 말이 떠오른다. "우리는 우리의 장점보다 타인의 장점을 크게 보며 중요하다고 생각한다."

지도자 스스로 자신 있는 분야를 전문 과정으로 소개할 수 있고, 포지셔닝을 다르게 하여 운영하는 곳도 많다. 어떤 포지셔닝에 위치할 것인지, 어떤 색을 나타낼지, 어떻게 마음속에 자리 잡을지가 더욱 중요하다.

"문제가 나타났을 때는 이미 늦다. 예방을 하자."

톱니바퀴에서
빠진 톱 하나의 흐름

지도자의 '결'이 성품을 나타냈다면, '격'은 지도자의 실력과 품위를 나타낸다. 지도자는 온전한 '결'로만 성장하기 부족하다고 느낄 때 '격'으로 그 부족한 갈증을 채울 수 있다.

"격이 필요한 이유, 실력 없는 용기만큼 공허한 것은 없다."

죽기 살기로 하겠다는 다짐과 용기는 있지만 실력이 없다면 운이 받쳐 주지 않는 이상 성과를 기대하는 것은 어렵다. 그리고 이런 운을 통한 기대들은 반복될수록 중독만 될 뿐이다. '실력'이 그다음 스텝에 올라설 수 있도록 할 것이다. 어떤 지도자는 지도자이니까 지도만 잘하면 된다고 하지만 누군가를 돕고 가르쳐 주는 것은 학생들도 할 수 있다.

우리가 깨어 있는 지도자라면 지도자는 그저 가르치는 것에만 초점을 두는 것이 아니라 흥미를 가지고 성장할 수 있도록 지도하는 것이 필요하다. 그리고 잘할 수 있도록 지도하는 것을 넘어 재미있게 교육하는 것은 더욱 어렵고, 재미있게 교육하는 것을 넘어 즐기도록 하는 것은 더욱 어려우며, 좋아하게 만드는 것은 더욱더 어렵다.

좋아하게 만드는 것을 넘어 욕심을 내도록 하고 욕심을 지나 온 마음을 다해 전심을 다하고 길을 정하도록 하는 것은 매우 특별한 단계의 경험이다.

지도라는 것은 단순히 내가 알고 있는 것을 알려 주는 것이 아니다.

한 사람의 잠재적 능력을 세상 밖으로 나타나게 한다면 지도자는 훌륭한 지도자로 거듭난다.

"모든 마케팅의 시작은 사람으로부터 기준한다."

친절한 환대를
부정까지 하며 싫어할 사람은 없다

　백종원 대표가 한 방송 프로그램에서 친절하게 하다 보니 자기 자신이 그렇게 변한다는 말을 한 적이 있다. 이처럼 우리는 친절을 베풀다 보면 정말 친절해지고, 냉소적으로 대하다 보면 정말 냉소적으로 사고하고 행동한다. 처음이 어려워도 하다 보면 그렇게 바뀌고 사고와 관점이 달라진다. 듣고 싶은 말만 들을 수 없고, 보고 싶은 것만 볼 수 없고, 하고 싶은 것만 하면서 살 수 없다.

　문 앞까지 온 소중한 한 명의 제자, 밖에서 찾고 찾아도 없다. 그 어렵다는 도장 문 앞까지 왔다. 따뜻하고 친절한 마음으로 다가가자. 하다 보면 변한다. 하다 보면 결과가 달라진다.

　"누군가의 메마른 감정에 생기를 돌게 하고 자양분을 채워 주는 일은 훌륭한 일이다. 지도자는 오감을 생기 있게 만들 수 있는 사람이다."

과학적 통계
단골이 단골을 만든다

　시장은 신규 인원이 늘 샘솟지 않는다. 언젠가는 한정된 인원이기에 등록생도 줄어든다. 그럼에도 새로운 스포츠에는 등록하는 현상이 발생하기 때문에 지도자들은 새로운 스포츠를 도입하는 경우도 많다.

　대부분 신규 인원에 대한 고민이 많지만 이럴 때일수록 현재 사람들에게 집중해야 한다. 지도자들은 단 한 명도 빠짐없이 **어떻게 성장시키고 변화시킬지를 생각해 보자.** 정말 간절하게 생각하면 하루하루 교육해도 부족하다. 변화하고 성장하는 모습이 지도자에게도 보이고 부모에게도 보인다면 이보다 확실한 이유는 없다(*꼭 스포츠로서의 실력만을 말하는 것은 아니다).

　브랜드 담당자들은 하나같이 기존 고객에게 최상의 서비스와 환경을 제공해야 한다고 한다. 이때도 단순히 열심히가 아닌 좋은 교육과 환경을 위한 바탕이 되어야 한다. 그다음은 자연스럽게 선순환이 만들어진다는 믿음으로 해야 한다.

삼성과 애플의
노트북 로고 방향

우리가 판매점을 제외하고 노트북을 가장 많이 볼 수 있는 곳은 업무하는 사람들이 많은 커피숍이다.

"커피숍에 앉아 노트북을 켜고 일을 하는 사람, 그런데 그 사람의 노트북을 보니 로고는 보는 사람에게 맞춰서 볼 수 있도록 되어 있다. 누구를 위한 것일까?"

'관점.' 우리가 말을 할 때도 지도자 입장에서, 지도자 관점에서 말을 하고 글을 작성하면 지도자는 안내하고 홍보하고 PR하는 것과 다르지 않다. 공감을 불러일으키고 몰입하고 흡수하고자 한다면 이용자의 관점에서 말을 하고 글을 작성하는 것이 필요하며 필요에 따라 상상력을 자극하고 다음을 궁금하게 하는 요소들이 복합적으로 필요하다.

지도자는 제자들에게 전달되는 것들의 디테일한 부분까지 생각해 보자. 이것을 받았을 때, 받고 난 후 집에서 열었을 때, 열고 난 후 어떤 모습이 상상되는지 그다음은 그 모습을 바라보는 부모님의 모습, 그 과정에서 발생되는 긍정적인 에너지까지 "세심하게 전달되고자 신경 쓸 때 딱 그만큼보다 조금 못 미치게 전달된다." 그래서 최선을 다해야 한다.

▲ 웰컴 박스에 정성스럽게 담아 전달

"웰컴 박스에는 어떤 굿즈들이 함께 있을까?"

내 옆에 도장이 생겨도
집중해야 할 것은?

최선을 다해 도장을 해도 내 사업장의 위, 아래, 옆 어느 곳에나 같은 업종이 생길 수 있다. 이때 옆 도장과 '경쟁'을 생각하는 순간 소모전은 시작된다.

주변 상권 또는 심지어 같은 건물에 같은 업종이 입점할 수도 있다. 이럴 때마다 신규 입점하는 곳을 분석하기 시작하는데, 분석은 기간을 정해서 적당히 하고 끝내야 한다. 시간이 지나도 매일 분석한다고 하지만 분석이 아닌 신경 쓰기일 뿐이다. 신경 쓴다고 해결책이 단번에 나오는 것이 아니다.

이런 상황에서도 상대방만 생각한다면 수련생과 잠재 고객에 대한 관심이 그만큼 줄어든다. 이럴 때일수록 관점을 바꿔 우리가 할 수 있는 것은 무엇인지, 무엇을 제공할 수 있는지에 더욱 집중해야 한다.

범주를 태권도장으로 제한한다면 태권도장의 시장만 보인다. 무도장으로 정하면 무도 시장을 보게 된다. 예체능 학원 등으로 범주를 확장하면 또 다른 시장이 보인다. 지도자가 확장하는 범주의 크기에 따라 시장에서의 분석이 전혀 달라진다.

"우리의 관심은 언제나 제자이고 더 나은 환경을 제공하는 것이다."

인풋 양이
아웃풋 양을 결정한다

핸드폰의 작은 화면으로 언제 어디서나 검색하고 정보를 확인하며 답을 얻을 수 있는 시대에 우리는 살고 있다.

지난 《지도자의 결》에서 '기록이 기억을 이긴다'는 말을 했다. 우리가 대화를 하고 살아가는 방식도 과거를 기반으로 하여 감정을 느끼고 대화를 한다.

'과연 우리는 과거의 모든 것을 기억할 수 있을까?'라는 질문에 모든 것을 기억하고 있다고 말할 수 있는 사람은 없다. 그래서 중요한 것을 보고 듣고 느끼는 순간, 그 감정과 인사이트들을 잊지 않고자 밑줄을 긋고 사진을 찍고 기록을 하는 것이다. 나아가 저장과 기록에만 그치지 않고 인출하기 위해서는 그날의 기록들을 한 번 더 리마인드 하는 습관이 필요하고, 그렇게 장기 기억으로 넘어갈 수 있는 습관이 필요하다.

내 몸에 인풋된 소스들은 어떤 업무를 할 때 순간적으로 지혜를 발휘하거나 감각적으로 해야 하는 일들이 있을 때 인출되기도 한다. 우리가 보지 않고 듣지 않고 인출하는 것은 깨달음을 통해서 가능하겠지만 마찬가지로 시간과 경험이라는 것이 필요하다. 인풋하는 양의 크기에 따라 아웃풋할 수 있는 크기도 어느 정도 예상할 수 있다. 복잡하지만 어렵지만 그럼에도 불구하고 배운 것들은 자기만의 해석으로 축적하며 키워드를 정리하고 새롭게 아이디어로 나타나게 된다.

"기록은 또 한 명의 지도자를 만들어 가는 것."

Remark

지도자는 단순히 영상이나 글을 보는 것으로 끝내지 말고, 인풋 후 아웃풋이 될 수 있도록 반드시 자기화 기록을 해 보자.

구분된 목적과 교육

"활동/운동/훈련을 구분한다."

우리가 아침에 일어나 양치를 하고 세수를 하고 등교하고 친구를 만나고 잠시 놀고 학원을 가며 잠자리에 들기까지 하는 움직임을 '활동'이라 말할 수 있고,

시간을 내어 건강과 강인함 등 사람에게 필요한 활동 그 이상의 움직임과 퍼포먼스 향상, 성과를 위해서 하는 움직임을 '운동'이라 할 수 있으며,

'훈련'은 목적 달성과 방향 등이 구체적이고 성취하고자 하는 색이 강하다. 그래서 우리는 대회를 나가기 전에 훈련을 하겠다고 하지, 활동을 하고 오겠다고 하지 않는다. 몸을 부드럽게 그리고 대회 때 몸이 굳지 않게 하기 위해 운동을 한다. 같은 시간에 누군가는 운동을 하고 누군가는 훈련을 한다면 목적과 방향이 다르기에 개인에게 흡수되는 영향력이 달라질 수 있다. 우리는 제자들에게 지도를 할 때 도장에 오는 것까지는 활동이고, 도장에서 품새나 발차기 등 움직이는 것들이 운동이 되며, 그것으로 성과를 내거나 합격을 위한 시험을 준비하는

등은 훈련이 된다고 말할 수 있다.

이런 부분만 명확하게 기준을 잡아 준다면 같은 시간에 무엇을 하고 있고 무엇을 위해 해야 하는지 개념을 정리하는 데 도움이 될 것이다.

지도자와 사업자는 다르다

운영자(또는 관리자)는 지도자가 위험과 관련되거나 사회적 문제를 발생시키는 등의 큰 실수가 아니라면 기다릴 줄 알아야 하고 지도자가 실수를 했을 때 처리만 해 주는 것이 아닌 "실수를 감지하고 예방하여 배움도 원활할 수 있도록 길을 터 주는 역할을 해야 한다."

잦은 실수와 큰 실수들이 반복된다면 시스템을 점검하고 지나치게 많은 업무를 위임하지 않았나 확인해 보는 것이 좋다. 대부분 개인만의 업무 소화 능력치와 속도가 있다. 위임을 하다 보면 어디까지 위임해야 하는지 기준이 명확하지 않다 보니 실수가 자연스럽게 따라온다. 리더의 이상은 높은데 위임받은 지도자는 맡은 일을 하기에도 벅찰 수 있다. 기존의 틀에 지도자 자신을 넣어 그것을 복제하듯 완벽하게 따라 하려니 어려울 것이다.

리더라면, 관리자라면 과연 나의 일을 그대로 소화할 수 있는 사람이 세상에 얼마나 있을까? 생각해 보자.
나보다 잘하거나 나와는 다르게 지도를 하는 방법이 있을 뿐이다. 만약 배우는 단계의 지도자라면 큰일을 위임하지 않는 것을 추천한다. 많은 지도자들을 만나 봤지만 특별히 교육을 못하지는 않을 것이다. 운영자로서의 모습이 나타나지 않는 것이기 때문에 리더가 보는 것을 못 보는 경우가 많다.

지도자로서 큰 문제가 없다면, 운영자의 모습을 너무 요구하지 않도록 하자. 지도자의 자질도 하향평준화될 수 있다. 리더라면 잘하는 것은 잘한다고 칭찬하고 못하는 것은 그 자리에서 전달하되 이 영역이 지도자로서의 영역인지 관리자로서의 영역인지 이성적으로 구분하면 된다.

운영자(관리자)는 사업의 불안과 걱정을 지나치게 표출할 필요는 없다. 운영자의 체감과 동일시되는 경우는 거의 없다. 지도자가 몸담은 곳이 지나치게 불안한 곳이라면 그 누구도 미래를 꿈꾸기는 어려울 것이다.

나는 어떤 지도자인가?

어떤 지도자는 교육을 잘하지만
운영이 미숙하고,

어떤 지도자는 교육이 부족하지만
운영을 잘한다.

어떤 지도자는 교육을 잘하지만
운영도 잘하고,

어떤 지도자는 교육이 부족하지만
운영도 부족하다.

부족한 것은 죄가 아니지만 발전이 없다면 문제가 따른다. 지도자들 모두 따뜻한 마음과 친절 그리고 사랑으로 시작할 때 발전이 없을 수 없다.

인원 증가의
한계

부지런하고 성실한 농부가 24시간 혼자서 모를 심는다고 해도 언젠가는 수확할 수 있는 일정량에 도달하여 노력으로 안 되는 순간이 온다. 보통 그 순간에 시스템과 방법, 방향이 필요하다. 동시에 변화를 위한 선택과 결정을 해야 하는 시기이기도 하다.

도장을 운영하다 보면 운영을 잘하는 곳이 많지만 어려워하는 곳이 더욱 많고, 폐업 직전까지도 운영하는 곳도 많다.

도장 및 사업장은 그 사람의 역량이기도 하지만 도장의 인원은 시스템의 영역이기도 하다. 시스템이 좋지 않으면 인원은 더 이상 증가할 수 없다. 노력으로도 인원이 더 이상 증가하지 않는 영역이 존재한다. 그래서 개인의 노력을 넘을 수 있는 것이 바로 시스템이다.

1. 더 열심히 하는 것
2. 노력으로 하는 것

이것이 인원을 지속적으로 증가하게 하는 전부일까? 기본일까? 기본을 열심히 했다고 하는 것은 건강을 위해 챙겨 먹는 밥을 열심히 먹었다는 정도이다. 극단적인 표현이 될 수 있지만 사실적 표현이다. 제자들을 위한 청결 관리를 열심히 하고 최선을 다했다고 말하기 이전에 기본으로 세팅한다면 더 중요한 것이 눈에 보이기 시작할 것이다.

지도자를 하다 보면 인원별 구간이 있다. 50명, 70명, 90명, 120명, 150명, 180명, 200명, 230명 등 인원은 그 도장의 지속 가능한 여부를 판단하는 중요한 부분 중 한 가지다. 50명으로 운영하던 시스템을 더 열심히 해서 80명, 100명으로 만들었다고 해도, 많은 인원을 그저 더 열심히 하는 걸 시스템이라 할 수 없다.

50명 운영 방식을 100명에 도달했을 때도 동일하게 운영하다 보면 벅차게 다가올 것이다. 인원별 운영법은 다르고 중요하다.

국제 활동을 여행으로만 한다면 하지 않는다

패키지여행은 잘 짜인 계획과 그리 나쁘지 않은 컨디션으로 해외를 다녀올 수 있다. 그런데 도장의 국제적 이벤트를 단순히 홍보를 위해서만 진행하고 특히 '여행'만을 위한 목적으로 준비 중이라면 다시 생각해 보는 것을 추천한다.

국제문화교류를 진행할 때 가장 많은 신경을 쓰고 있는 것이 안전이고 안전이며 또 안전이다.

패키지의 경우 환경과 언어, 숙소, 식사, 교통 등 일반적으로 극복 가능한 어려움들을 보완해서 참가하고자 하는 사람들을 모집하고 그 목적이 분명하다. 모르는 사람들과 함께 여행을 하지만 이런 여행은 혜택이 있으면서도 틀 안에서 모든 것이 이뤄진다.

그러나 개인의 도장에서 추진하는 국제문화교류는 비용적인 측면은 물론 여러 가지 제약과 갑작스러운 문제가 발생했을 때 원활하지 못할 수 있다. 지도자 스스로도 지원, 후원 등을 하기에 결코 적은 금액은 아니며, 국제화를 위해서는 절대적으로 감정만을 가지고 진행하는 것은 추천하지 않는다.

보이지 않는 곳에서 제자들의 성장을 위한 환경적 세팅은 지도자의 헌신이 반드시 필요하다. 국제화는 세부적이고 꼼꼼하게 두 번 세 번 네 번 계획하고 또 점검해야 한다. 국내 행사도 세부 안내문이 필요한데 해외는 얼마나 더 세부적이고 경우의 수를 계산해야 하는지 한 번 더 고민해야 한다.

"국제문화교류 추진"

국제문화교류를 진행할 때 단체가 아니라면 구글 폼을 이용해서 아래 항목만 기본적으로 체크해 봐도 기본은 준비가 가능하다.

- 항공권(빠를수록 비용을 줄일 수 있다)
- 비자(필요 국가)
- 이름/나이/성별
- 영문 이름(*여권 이름과 동일해야 함)
- 한자(필요시)
- 단체 티셔츠 사이즈
- 전화번호
- 주소
- 기본 참가 비용
- 항공 비용
- 비자 비용
- 비자용 사진

- 막도장
- 기타 등

기타 준비 첨부물은 다음을 참고!

해당 자료는 샘플 자료와 실제 자료가 함께 포함되었다. 다양한 국가에 진출하는 많은 지도자분들의 열정을 응원하며 도움이 되기를 바란다.

국제문화교류 준비물 및 지원 안내

- **후원 및 스폰서십 물품**
  - 해피온: 공식 태디베어 키링
  - 현진스포츠: 팀 단체 T
  - 이루다태권도 한국본관: 대표 도복
  - 이루다태권도 연합회: 경비 일부 지원
  - 국제 연합회: 중국 내 지출 일부 지원

- **혜택**
  - 각 기관 교육 수료증 및 기관 인증서
  - 중국 내 초청 시범
  - 한국 귀국 후 언론사 보도(예정)

- **필수 공통 준비물**
  도복 최소 2벌 이상, 띠, 운동화, 실내화, 여권, 비자, 항공권, 신분증(성인), 팀 단체 T, 지도자 필수 해외로밍
  ※ 여권, 비자, 도장 등은 지도자가 책임관리합니다.

- **개인 준비물(예시)**
  선크림, 반바지, 반팔티, 긴팔 비추천, 세면도구, 바람막이, 팔토시, 유심칩 또는 해외로밍, 수건, 실내화, 운동화, 이어폰, 책, 보조배터리 160wh이하, 모자, 개인 식품, 필요시 환전 등

  중국 내 활동 시 참가 경비 외 추가 지출되는 일체 모든 비용은 이루다태권도에서 부담하기로 했습니다.

▲ 예시

TRAVEL CHECKLIST

☑ 해외여행 ☑ 국제문화교류	
여행날짜 항공권 일정에 따라 다름(본문참조)	여행지 중국 청도->웨이팡->산동->동영 등
행사내용 국제 문화, 교육, 공연, 관람 등	누구와 이루다태권도 선발인원 15명

	준비물 1		준비물 2		준비물 3
☐	여권(14일까지 1차)	☐	신분증(성인)	☐ 충전기
☑	비자(도장준비)	☐	잠옷, 속옷, 양말	☐ 우산(우비)
☑	항공권(도장준비)	☐	여벌옷, 모자	☐ 환전(약3~5만원)
☐	개인상비약	☐	유심칩 또는 로밍	☐ 기타
☐	도복 2벌	☐	실내화/크룩스	☐
☐	띠	☐	보조배터리(160wh이하)	☐
☐	운동화	☐	단체 T	☐

MEMO

- 여권은 6월 14일(금)까지 도장으로 제출해주시기 바랍니다(갱신 및 신규 발급자는 발급되는데로 도장으로 보내주면 됩니다)
- 항공권은 13일(목)부터 컨택할 예정이며, 보내주신 여권과 여권신청서 영문으로 신청하기에 변경하시면 탑승불가 합니다
- 개인 상비약은 항공특성상 확인되지 않은 약은 폐기처리 될 수 있으므로, 성분 검증이 된 것으로 참고부탁드립니다
- 당진시 대표로 대회에 참가 중인 선수는 개별 연락드리겠습니다

▲ 예시

TRAVEL CHECKLIST

참가비 ǀ 항공료 ǀ 기타제출 안내	
여권 제출 (갱신 중 / 신규발급 / 대회참가 중인 경우 16일까지 제출)	6월 14일(금)까지
단체 티셔츠 사이즈 제출 (카카오톡 메시지 가능)	6월 16일(일)까지
한자이름 제출 (카카오톡 또는 글씨로 적어 사진제출 가능)	6월 16일(일)까지
항공권 약 ██████	발권 시 안내
참가비[비자비용포함] ████ (국내/외 교통비, 숙박비, 호텔조식, 식비, 단독 가이드, 단독버스, 문화체험, 입장료, 활동 경비 일체)	7월 21일까지

MEMO

- 여권은 6월 14일(금)까지 도장으로 제출해주시기 바랍니다(갱신 및 신규 발급자는 발급되는대로 도장으로 보내주면 됩니다)
- 항공권은 13일(목)부터 컨택할 예정이며, 보내주신 여권과 여권신청서 영문으로 신청하기에 변경하시면 탑승불가 합니다
- 개인 상비약은 항공특성상 확인되지 않은 약은 폐기처리 될 수 있으므로, 성분 검증이 된 것으로 참고부탁드립니다
- 당진시 대표로 대회에 참가 중인 선수는 개별 연락드리겠습니다

▲ 예시

상대적인 우월성 도장

많은 학원과 태권도장, 무도장들 그리고 여러 사업장들은 너도나도 최고라고 이야기한다. 최고라고 말하는 수직적 표현 방식도 필요할 때가 많지만 수평적 표현 방식이 더 넓고 많은 것을 내포하고 있다는 것도 잊지 말아야 한다.

때로는 상황과 필요에 따라서 최고라는 말을 자신 있게 하고 어필해야 하는 경우가 있지만 어떤 역사적 최고도 '시간이 또 다른 최고'를 만들어 내기 때문에 대부분 강박감과 압박감을 안고 가야 한다.

프로는 이 또한 교육해야 하는 부분이지만 지도자 스스로 지나치게 몰입한다면 본질적인 운영 방식이 흐려질 수 있다. 태권도장의 역할 중 한 가지는 저변 확대에도 있듯이 실력 상승과 꿈을 꾸는 제자들에게는 다음 스텝을 이어 주는 역할을 하면 된다.

태권도장에서의 교육은 실력만을 위한 교육이 아니기에 정신적, 신체적, 심리적 균형감 있는 교육과 콘셉트가 좋은 이미지를 만들어 준다. 부모가 자식을 책임지고, 학교가 사회적 규범을 교육하고, 지도자는 건강을 책임질 수 있듯 한 사람을 위한 모두의 노력이 있다.

"여기는 뭐가 다른가요?"

상담을 하거나 대화 도중에 예상치 못한 질문을 받거나 준비되지 않은 것들에 대해서 당황할 때가 있다.

"여기는 뭐가 다른가요?", "무엇이 다른가요?"라는 등의 질문들

다양한 답변이 있지만 남을 낮추지 않고 우리의 브랜드만을 설명할 때 부담스럽지 않은 답변에 도움이 된다. 하나의 스포츠는 비슷할지 몰라도 배우는 과정부터 모든 것이 다르다. 현대 사회 트렌드에 맞춰진 교육은 물론 독자적인 교육 프로그램을 매일 연구하고 지도자로부터 나오는 말부터 어느 하나 같을 수가 없다. 지도자 스스로 많은 연구를 통해 교육 프로그램을 구분하고 자체적으로 교육 과정을 만들기 때문에 **"우리만의 교육"**이고 우리의 문화를 경험하게 하는 것이다.

우리가 같은 것도 쉽게 없다.
"우리가 같은 것은 무엇일까?"

연간계획표
월간계획표
주간계획표
일간계획표

　주간/월간/연간계획표를 작성하는 곳은 많이 보았지만 그것을 철저하게 지키며 활용하는 곳은 쉽게 찾아 보기 어려웠다. 방학 기간 차량 편성, 수업 시간 변경, 대체 공휴일 등 이런 부분은 이미 일어날 일들이기 때문에 어느 정도 대비가 가능하다. 그리고 대비가 가능하다는 것은 준비할 시간이 있다는 것인데 이것을 준비하지 않고 바쁘다는 이유로 주변에서 건네주는 자료로 때우기 식 또는 흘러가는 대로 운영하는 것은 개선할 기회가 있다는 것이다.

　지도자는 도장만의 스타일로 재해석하여 글귀부터 전달하는 방식까지 일관되게 할 수 있도록 노력해야 한다. 개학, 방과 후, 돌봄 픽업 등 변동을 미리 준비하는 것만으로도 업무적으로 원활함은 물론 체계는 더욱 단단해질 것이다. 시대가 변화하면서 배움의 열정으로 훌륭한 시스템 구축을 한 도장들을 많이 보곤 한다. 연간 매뉴얼은 도장(사업장)의 방향과도 연결되는 부분이기에 계획을 가지고 있는 지도자라면 연간계획표를 작성해 보길 추천한다.

방향 없이 무작정 노력하다 보면 언젠간 회의감이 들고 방향이 맞는지 어느 순간 고민하며 번아웃에 빠지기도 한다.

이런 것들을 예방하고 효율적으로 관리하기 위해서는 한 해의 방향 설정을 할 수 있도록 해 보자. 추가로 계획만을 하는 것이 아닌 기획을 함께하는 것을 해야 한다.

계획이 말 그대로 '할 것이다'라는 체크리스트 느낌이라면, 기획은 어떻게 운영하고 어떻게 접근하고 분배하고 실행할지 등 전체적으로 기획을 하는 것이다.

Remark

"서울 인헌동에 위치한 한양대 대호태권도장의 섬세함과 실행력은 마음으로 그치지 않은 격을 갖춘 실행이었다. 아이들이 조기 하교를 하는 날 급식이 없다는 소식을 먼저 접하고 주변에 단체 식사가 가능한 곳으로 이동해 세심하게 챙겨 주는 모습을 보였다. 이런 지도자의 세심함에 부모님들은 감동하지 않을 수 없다. 한양대 대호태권도장의 강점과 다년간의 노하우들은 강력한 힘을 가지고 있다. 행사 하나만 진행하여도 체계적인 기준의 격을 높여 실행하는 모습에 같은 지도자로서도 감탄을 한다."

정부/정책 지원금
유용하게 활용하자

도장이라고 정부/정책 지원금 해당이 안 된다고 생각하는 분들이 있다.

결론부터 말씀드리면 꼭 그렇진 않다. 청년부터 시니어 지원금까지 다양한 지원금 등이 시행되고 있고 시기별, 지역별에 따라 지원 형태의 종류도 다양하게 있어서 현물 방식, 가전, 마케팅 활동비, 청소, 간판 교체 등 다양한 형태로 사업장에 도움이 되는 부분이 많다.

지원금을 유용하게 모아 준 앱도 있고, 소상공인을 위한 사이트 등에 방문하여 나에게 적합한 것의 양식에 맞춰 자료를 준비하고 신청을 하면 된다. 이때도 사업장별 '사업계획서'가 준비되어 있다면 신청을 할 때 도움이 많이 된다.

6개월 이상 된 사업장은 경영환경개선 지원금 등부터 알아보면 도움이 될 수 있다(명칭은 달라질 수 있다).

본질은 그대로
교육법은 나날이 발전

"정확히 알고 있다면."

예를 들어 품새를 지도할 때 왜 자신감이 있을까? 개인의 실력과 상관없이 지도자들은 알고 있기 때문이다. 그렇다면 수련생은 왜 자신감이 없을까? 본질적인 이유는 모르기 때문이다.

우리는 국기원 승품/단 심사, 도장 승급 심사 등 승급과 승품/단 심사를 할 때까지 몸으로 익히는 것에 익숙하다.
품새는 심사를 위해서도 필수적으로 외워야 하기에 몸과 머리로 배우지만 처음에는 손과 발이 틀리기도 하고 방향도 틀리고 회전도 틀린다. 당연한 과정 중 한 가지이면서도 아이들은 흥미를 잃어버리기도 하고 많은 지도자들이 품새 교육에 대하여 에너지를 많이 소모하는 것도 사실이다. 그럼에도 지도자들은 도장마다 가지고 있는 특급 노하우로 아이들에게 교육을 하고 대부분 완성하여 국기원 심사까지 성공하게 한다.

품새를 비롯해서 이런 교육들은 매일, 매주, 매월, 매년 지도해야 하는 지도자의 반복된 교육 중 한 가지이고, 국기원 승품/단 심사에 합

격한 제자들은 기존에 배웠던 품새를 익힘에 그치지 않고 실력 향상을 위해서 반복된 연습과 훈련을 하며 2차 성장을 맞이한다. 이 과정에서 기본 동작들은 기술에 접근하며 전문 영역에 입성하기도 한다.

어느 날 유급자와 유품자 초기 아이들에게 퀴즈의 형태로 손동작을 쓰거나 서기 동작을 직접 써 보라고 했는데 듣고 말하는 것은 가능했지만 글로 쓰는 과정에서는 알지 못하는 경우가 많았다. 인풋이 잘되었는지를 확인하고 내 것으로 사용하려면 나만의 스타일과 생각, 감정으로 인출해 내는 능력이 필요하다.

제자들이 보고 따라하면서도 해당 동작의 이름을 모르는 경우가 많다. 자기만의 인출을 할 수 없다 보니 온전히 내 것이 아닌 것이었다.

POOMSAE MAP
POOMSAE MAP
태극 1장

태권도 품새 퀴즈를 완성하기!

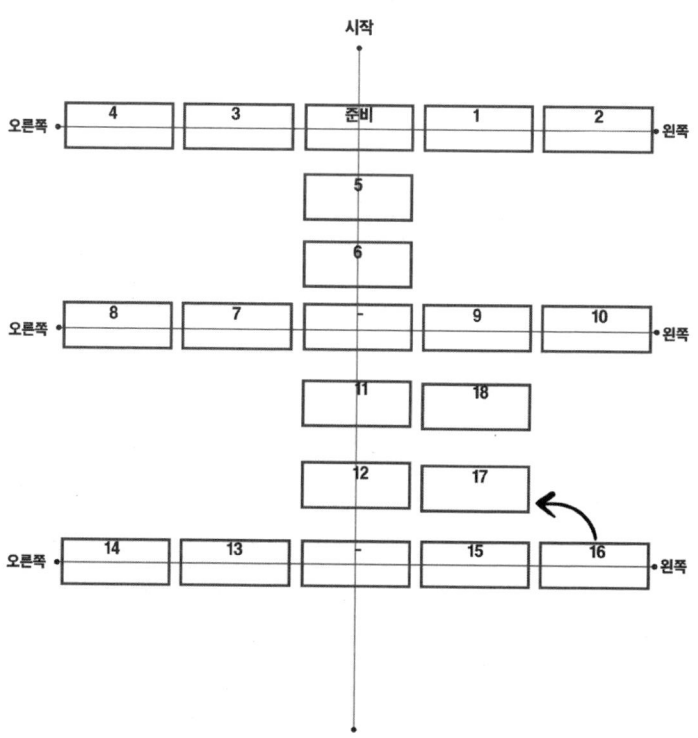

▲ 예시) 글로 작성, 품새 퀴즈에 사용

"격" | 135

지점이 증가,
연락망 구축

"이루다"는 한국 본관과 수청점, 부산 1관, 2관, 원주 등 여러 팀들이 함께하고 중국 해외연수지점, 해외 연합팀으로 싱가포르, 캐나다, 중국 등이 함께한다.

부산점과 원주점은 기본 운영 방식에 더불어 자체적으로 체계를 잘 구축하여 운영을 하고 있다.

소통 방식이 간편하면서도 필요한 소통으로 화합하고 서로에게 힘을 주고 있다. 만약 두 개 이상을 직접 관리해야 한다면 업무용 핸드폰을 새로 비치하고 총괄 관리를 위한 핸드폰은 컨트롤 타워 역할을 하도록 한다. 이때 지도자의 업무 분담이 가장 중요하다.

추가로 컨트롤 타워 역할을 하는 핸드폰은 시시각각 울릴 수 있다. 지점별 구분을 위해서 통신사 자체 듀얼 넘버로 신청해 전화를 받기 전 어디 지점에서 온 상담 전화인지 알 수 있도록 할 수 있다.

듀얼 폰의 경우 전화를 받을 때 #이 끝 자리에 함께 나타난다. 이 외 지도자, 선생님, 실장님 등 통합 창구는 필수적으로 만들어 소통하고 일일 업무 전, 업무 후 보고 형태의 체계를 갖추는 것이 필요하다.

지도자는 전문가,
그렇다면 인성도 최고?

지도자는 한 분야의 전문가이면서도 아이들을 교육하는 교육자이다. 지도자의 자격 기준에 부합하고 교육을 이수하고 지도자로서의 자격을 얻었다는 것은 당연하면서도 멋진 일이다. 그런데 누군가 지도자는 전문가이니 인성과 태도까지 좋다고 얘기한다면 조금 다른 부분이다.

오타니 쇼헤이도 이런 말을 했다. "**좋은 실력이 그 사람의 좋은 인성을 뜻하는 것은 아니라고 생각한다.**" 다시 정리하면, 좋은 실력이 지도자의 인성과 결을 의미하지는 않는다.

이 부분이 왜 중요할까? 어떤 지도자가 제자들을 잘 지도하여 좋은 실력을 가질 수 있게 하고 제자들의 좋은 실력이 지도자를 좋은 이미지로 생각하게 한다는 소리를 들은 적이 있다. 일부분은 공감한다. 지도를 잘한다는 것으로 신뢰를 쌓고 긍정적으로 영향을 미칠 수 있을 것이다. 그러나 결국, 실력과 인성은 다른 영역이다.

지도자가 되었다고 단번에 지도자의 스킬이 수준 높아지고 깊이가 깊어지고 박학다식해지지 않듯, 현장에서 경험하는 경험의 양과 질적 성장을 위해서는 "지도자의 시간이 필요"하다.

매월 1일
고정 안내문

현대 사회는 바빠도 너무 바쁜 사회다. 정보 홍수의 시대, 우리는 필요 이상의 관심을 가질 만한 글과 정보가 아니라면 굳이 읽을 가치를 크게 느끼지 않는다.

매월 1일쯤 전달하는 다양한 자료(교육비 안내, 인성 교육 자료, 미션 자료, 그림 그리기, 행사 안내 등)는 글의 양과 페이지의 양이 지나치게 많은 경우가 있다. 빽빽하게 적힌 글과 페이지가 정성이라고 생각할 수는 없을 것이다. 정보의 양만으로 우리가 일을 열심히 하고 있다는 인식을 준다고 착각하면 안 된다.

무분별하고 일관되지 않은 자료는 전문성과 브랜드 가치의 감소로 연결될 수 있다. 일방적 소통을 요구하는 것은 수신자 입장에서는 피로감을 느낄 수 있다. 여러 가지를 세심하게 신경 쓰고 싶다면 시기별, 상황별 그리고 개인별 콘셉트에 맞춰 기획 후 노출하는 것이 도움 될 수 있다.

이용 안내와 규칙 등은 전화로 받은 내용에 따라 분류해 정리 후 고정 안내를 하면 도움이 된다. 업무를 하다 보면 전화로 받는 내용의 공통점들이 모아지고 구분된다. 그렇게 모아지고 구분된 것들을 키워드로 제작하여 상담 후 안내한다면 부모님들의 궁금증은 지도자를 믿는 신뢰로 변한다. 이런 방식은 지도자만의 탄탄한 시스템으로 자리 잡게 된다.

교육 동영상을 제작하고 보여 준다?

"본인의 수업을 동영상으로 촬영하고 보강 또는 결석한 아이에게 전달해 본 적 있는가?"

영상을 수시로 볼 수 있도록 유튜브나 특정 사이트에 업데이트한다면 학생도, 부모에게도 관리적인 측면에서 도움이 된다. 동영상 촬영하는 것을 부담스러워하는 경우가 있지만 그럴 경우 교육하고 싶은 포인트가 담긴 영상을 따로 촬영하거나 가면을 착용한다면 부담이 줄어든다.

준비된 자료들은 제자들에게 직접 보내거나 부모님에게 전달하면 된다. 영상을 통해 진도에 대한 부담이 줄고 부모는 아이를 위한 관리에 긍정적으로 생각하게 된다. 유튜브에 넘치는 영상이 있지만 지도자가 원하는 만큼의 동작과 진도는 찾기 어렵다.

영상을 촬영할 때는 꼭 틀에 박힌 방식으로만 촬영할 필요가 없고 가볍게 생각해도 괜찮다. 이런 방식으로 지도자만의 포인트 교육을 짧게 촬영하여 교육 전에 볼 수 있다면 매시간 반복되는 교육에 일관성을 유지할 수도 있다. 교육의 준비는 준비한 만큼의 긍정적인 결과를 가져온다. 최근 AI 메타 태권도 등 기대되는 국내 활동들을 주목해 보길 바란다.

지도자들의
능력은 어디까지인가?

지도자들 중에는 훌륭한 재능을 가진 사람들이 많다. 그런 사람들에게서 나타나는 결과물들에 참 감사하면서도 대단하다고 생각한 적이 많다. 많은 것들이 있지만 그중 태권도 음악품새는 음악을 활용하여 교육에 많이 접목되고 있는데, 음악품새의 경우 품새는 변함이 없기 때문에 하나의 음악으로 작업하게 되면 장기간 사용하기가 어려워진다.

편집 작업이 가능한 지도자라면 효과음을 사전에 작업하여 음악만 교체하는 방식이 있는데 퀄리티가 높지 않아도 손쉽게 따라할 수 있는 방법이니 시도해 보는 것도 좋다.

음악품새를 작업할 때 보통 음악과 태권도 품새 동작에 맞춰 효과음을 작업한다. 이때 음악은 제외하고 품새의 박자와 타이밍에 맞춰 효과음만 삽입하면 완성이다. 사용법은 만들어진 작업물을 틀고 듣고 싶은 음악을 입히면 된다.

조금만 PC를 사용할 줄 안다면 생각보다 좋은 효과와 반응을 얻을 때도 있다(*만약 이런 작업이 어려울 때는 네이버 밴드 등에서 검색 후 많은 작품들을 볼 수 있다. 밴드명: 빅토리, ET 등).

대회를
장려한다는 것

대회는 메달을 획득하기 위해서만 참가하는 것이 아니다. 지도자들은 제자들이 적극적으로 대회에 참가하면서 얻는 경험이 삶에 큰 도움이 된다는 것을 알고 있다.

올바른 스트레스 해소는 물론 자신감을 얻고 활력을 얻는다. 세상을 경험하면서 다양한 사람들을 만나다 보면 더 큰 세상을 볼 수 있고 사고의 확장까지 연결된다. 이 외에도 많은 장점이 있고 그런 장점을 제자들에게 전달하며 지도자들은 노력한다.

하지만 대회 자체를 어려워하는 제자들이 생각보다 많고 대회를 통한 장점에 대해 설명해도 패배에서 오는 감정을 어려워한다. 지속적인 격려에 대회를 참가해도 다음 대회에 대한 거부감이 생기는 사람들도 있다. 메달의 색깔, 경기 결과는 지도자의 생각과 다르게 누군가에게는 실망감과 도장에 대한 수준을 판단하는 근거가 되기도 해서 적극적으로 권장을 못 하는 경우가 발생하기도 한다.

도장이라면 경기력으로 빛날 수 있도록 사전 교육과 멘털 교육을 하면 좋다. 대회 참가는 접근이 중요하기 때문에 접근법에 방향성을 바꾸어야만 도움이 된다. 제자들은 지도자를 믿고 '최고가 되어 가는 과정'을 배운다. 제자들에게 용기를 내라고 말할 수도 있지만 용기를 만들어 내야 하는 상황도 있다.

지도자들의
시그니처 과정

 각 지도자들마다 본질적인 스포츠는 같지만 배워 왔던 과정이 제각각 다르고 중요하게 생각하는 것도, 잘하는 것도 다르다. 시그니처 과정은 특별하다 생각하면 특별하고 특별하지 않다고 생각하면 정말 쓸모없는 과정이 될 수 있다. 현재 일반적으로 보편화되어 있는 입시반이나 파견 수업, 위탁 교육 등이 이러한 형태로 운영되고 있다. 지도자들이 이런 형태의 개설 과정을 응용하여 기획한다면 충분히 지도자가 생각하는 방향의 교육 과정도 개설될 수 있다.

 시그니처 과정은 온전한 지도자의 것을 흡수할 수 있는 과정이기도 하다. 이런 과정은 전달력도 높아지고 에너지 자체도 다르다. 물론 관심 없는 모든 사람을 다 만족시킬 수 없기 때문에 어떻게 기획하는지에 따라서 해당 과정의 효과는 달라질 것이다.

도움을 받는 것은
나쁜 것이 아니다

많은 지도자들이 다양한 이유에서 시작했고 그에 따라 목표도 다양하다. 지도자들과 대화를 하다 보면 어려움에 힘들어하는 사람도 있지만 'NO'라는 말을 들을 수 없을 만큼 에너지 넘치는 지도자들도 많다. 곁에 있는 사람들마저 긍정적인 기운으로 채워지고 좋아하는 것을 하는 만큼 애정도 남다르다. 그러나 지도자는 본인이 좋아하는 일을 좋아하는 것에만 그치지 말고 잘해야 하는 순간, 증명해야 하는 순간이 있다.

"여기서 잘해야 한다는 것은 본인의 지도법으로 제자들의 성적만을 말하는 것이 아니다. 지도자로서의 자질이다."

'지도자의 격'이 좋지 않다면 누구에게도 선택받지 못할 것이고 운영/경영도 지속할 수 없을 만큼 실력이 부족하다면 살아남지 못할 것이다. 격을 높이고 싶은 지도자라면 연합, 연구회, 연맹 등의 도움을 받아 성장하며 레벨 업을 할 수도 있다. 개인의 실력이 나아짐에 따라 더 많은 활동의 기회도 만들 수 있기 때문에 이론과 실기를 함께 하는 것이 필요하다.

배우지 않고 변화하지 않으려는 지도자가 진짜 창피한 것이다.

신규 창업의 70%
폐업

　창업패키지, 청년취업사관학교를 포함 자영업자도 70% 폐업이라는 기사들이 가득하다. 청년 창업, 청년취업사관학교의 경우 사업 자금과 교육 등 패키지 형태로 제공하는 형태이고 고용 창출을 기대하였지만 고용 창출까지도 1명 내외로 실패라는 말이 나온다.

　우수한 창업가들이 선발되어 사업을 시작했는데도 이 정도면 개인 창업가들의 상황은 더욱 어렵다는 것을 알 수 있다. 이에 무지성 창업과 재무제표, 손익 분기, 철저한 항목 관리가 이루어지지 못하니 자금의 흐름까지 원활하지 못하고 결국 폐업의 단계를 밟는다. 요즘은 폐업도 경험이고 다시 일어설 수 있는 시간이 있다며 유쾌하게 소식을 알리는 사람들이 있다. 알리는 것은 상관없지만 폐업한 이후 어떠한 개선점을 찾지 않고 과거 패턴과 비슷하게 살아간다면 실수는 반복될 뿐이다.

　많은 사업은 '운'이라는 영역이 함께한다. 아무리 좋은 아이템도 시기적으로 때를 잘못 만나 빛을 보지 못하는 경우가 있다. 반면에 일단 시도했는데 반응이 심상치 않아 추진하며 성공하는 케이스도 있다. 후자의 경우 기존에 가지고 있는 아이디어가 50%였다면 진행 과정에서 개선할 점과 빠른 판단과 선택들이 그 운을 이어 가게 하고 실행력으로 결괏값을 높이게 되는 경우를 많이 봤다.

도장의 경우 창업과 폐업의 순환이 조금은 다르다. 보통 창업과 폐업을 하는 경우도 있지만, 창업과 인수 그리고 재창업 또는 재인수 등으로 업종을 변하지 않고 지리적 위치만 이동하여 다시 운영하는 경우가 많다. 이런 사례가 많다 보니 중간 플랫폼의 물건들은 넘치고 넘친다. 수수료도 적지 않지만 수수료가 발생하더라도 판매를 하고 인수를 하는 경우가 적지 않다.

한편 폐업의 다양한 이유 중에서 사람이 그 비중에 크게 차지한다. 함께하는 시간 동안 정말 잘해 주어도 잘해 준다는 것의 이상적 끝이 없다. 팀이자 파트너에게 잘해 준다는 것이 사업의 성장에 간접적인 영향을 미칠 수는 있어도 직접적인 영향을 미치는 것이 아니다.

다시 정리하면 서로에게만 잘해 주는 것은 주어진 업무보다 그다음 이야기이다. 우선 각자 맡은 일을 하는 것이 직접적인 영향이고 먼저이다. 팀이고 파트너라면 사업 자체가 발전하고 성장해야 더 큰 것들을 지켜 줄 수 있다는 것을 알아야 한다. 도장을 오픈하고 서로 다정하게 챙겨 주며 알뜰살뜰했지만 반응이 예상보다 적다면 그제야 사태의 심각성을 인지하고 문제를 바로 보기 시작한다. 빠진 일은 없는지, 바꿔야 하는 일은 없는지 등 작은 것들을 하나씩 바꾸려 할 때마다 피로도는 증가할 뿐이다.

우리가 성장하고 멀리 가기 위해서는 같은 목적을 보고 같은 방향의 길을 걸어가야 하는데 개인의 마음만 존중받으려는 사람이 있다면 주변을 힘들게 할 뿐이다.

지도자마다
잘하는 것이 있다

"누군가의 장점은 늘 부각되어 크게 보인다."

지도자들마다 전공이 다른 경우가 많다 보니 교육을 하다 보면 상대적으로 채워 주고 싶은 것들이 있다. 지도자도 오랜 기간 동안 배우고 성장했고, 태권도라는 큰 틀을 이해하고 있지만 자신의 전공이 아닌 부분은 마음 한편에 아쉬움으로 자리 잡을 때가 있다.

그럼에도 불구하고, 지도자라면 스스로 배운 기술과 노력으로 지금의 자리까지 왔기 때문에 자신감을 잃지 말아야 한다. 제자들은 자신감 없는 스승을 보고 어떻게 생각할까? 존중과 존경의 대상이 지도자이다. 누구나 완벽할 수 없다. 하나의 부분적인 결핍은 또 다른 동기의 요소가 되기도 하고 다른 부분에서는 뛰어난 모습을 보일 수도 있다. 타인을 바라보기 이전에 나를 먼저 알아 가는 시간이 중요하고 지도자 스스로 어떤 능력을 가지고 있는지 '자기객관화'를 통해서 교육의 방향과 프로그램 등을 설정하는 것이 좋다.

누군가에게 받아서 하는 교육 자료만으로 의지해서는 안 된다. 지도자로서 격을 높여 줄 수 있는 교육은 지도자가 먼저 책임을 지며 준비하는 습관을 만든다.

소통을 어려워하는 사람은 문화로 흡수된다

지도자의 교육이 아무리 좋다고 해도 찾아 주는 사람이 없다면 더 이상 지속하기란 어려울 것이다. 어렵게 찾아온 사람이 적응을 하기 어려워하거나 두려워한다면 문화적인 시스템을 만들어 주는 것이 필요하다.

공동체에 함께하는 것 자체가 어려운 사람이 많다. 그런 사람들에게 부담을 줄이고 안정감을 주는 것이 가장 중요한 첫 번째이다. 부담스럽지 않은 관심과 '거리두기 관심'으로 환경을 세팅하며 거부감을 줄이는 것에 초점을 둔다. 1회 교육에 지나치게 교육을 주입하다 보면 부담을 가지는 경우가 많다. 우리가 함께할 수 있는 환경이 먼저라면 그 목적에 부합한 행동을 하면 된다.

"교육을 하기 이전에 관심과 관계 형성이 먼저다."

문화를 만들 때는 방향과 목적을 설명하고 참여에 의미가 있다는 것을 잘 설명해야 한다. 문화에 함께하는 사람들과 자연스럽게 대화하고 이야기를 나눌 수 있는 시간을 만들어 주며 지도자 먼저 마음을 편안하게 할 수 있도록 접근하는 것이 필요하다.

"문화와 시스템이 훌륭하다면 작고 섬세해도 대범하게 나타날 것이다."

관리가 필요하다면
밀착 관리를 해서라도

교육적인 부분이나 생활 태도 등 다양한 영역에서 '밀착 관리'가 되어야 고비를 넘기거나 지속적으로 할 수 있는 사람이 있다. 지도자의 능력 중 한 가지는 누군가의 잠재력을 꺼내어 자신의 능력 이상을 발휘하도록 하는 것도 있다.

관리가 필요한 사람에게 보통은 애정을 더 주는 쪽을 선택하곤 하는데 밀착 관리를 해서라도 **'변화를 하게 만들어야 할 때'**가 있다. 실제로 밀착 관리를 통한 변화와 마인드셋 교육이 함께하면서 고비를 넘기는 경우도 많다. 문제는 무한 애정으로 열정을 다해 교육했음에도 불만이 발생했을 때 지도자의 멘털이 무너질 때가 많다는 것이다.

이런 부분을 개인 상담을 통해 기록화하고 월별, 나이별 예상 목적지를 알려 주면 어린 제자들의 경우 더욱 시각화하는 데 도움이 된다. 비록 밀착 관리 후에 지속하지 못해도 기록지는 다음을 개선할 수 있는 소중한 자료가 된다.

도장에 지도자들이 2명 이상이라면 전담 지도자, ○○ 지도자 등 역할을 구분했을 때 지도자들도 어떤 것을 어떻게 해야 하는지 분명하게 알 수 있다. 멘털 담당, 교육 담당, 마음 담당 등 지도자의 역할은 많다.

연락을 기다리는 시기,
연락을 오게 만드는 시간

새 학기에만 현수막을 걸고 홍보하면 바쁜 시기가 지나고 거품이 사라질 때 오는 연락도 사라진다. 바쁜 시기에도 동일하게 해야 거품이 사라지는 속도를 늦추거나 반복 노출의 효과를 얻을 수 있다.

백종원 대표는 어느 프로그램에서 음식을 소비자들이 볼 수 있는 위치에 영상으로 노출을 시켰고 소비자들은 해당 메뉴를 선택하면서 원하는 바를 유도하는 데 성공했다. 이어서 그는 "마케팅의 핵심은 노출이다. 대기업이 괜히 광고를 하는 것이 아니다"라고 말하면서 마케팅의 핵심은 노출이라고 강조했다.

도장과 학원의 특성상 특정 시기에 연락이 많이 온다. 예를 들면 신학기에는 등록과 상담 관련 연락이 많이 오다 보니 그에 맞는 준비를 미리 할수록 전문성을 보여 줄 수 있으며 등록으로의 전환율을 높일 수 있다.

지난 《지도자의 결》에서 언급한 것처럼 특정 시기도 있지만 1년 열두 달이 홍보이고 입관 시기다. '지도자가 특별하게 신경 쓰는 시기만 있을 뿐이다.' 신학기처럼 등록 관련 문의가 몰리는 시기는 아니지만 방학이 끝나는 시기나 특정 행사가 끝나는 마지막 날에 변경과 기타 문의로 연락이 몰리는 경우가 많다. 이 부분에 대하여 일일이 모두 답변을 하고 하루를 소비하느라 정작 다음 날 준비를 하지 못하는 경우도 있다. 원활한 운영을 하려면 '각 도장만의 시스템'이 반드시 필요하다. 프랜차이즈, 가맹점 등의 관리를 받고 있다고 하여도 각 지점마다 운영 시스템을 갖춰야 체계적인 운영이 가능하다.

모든 지도자들은 소중한 브랜드이다. 지도자들이 움직이고 노출시키는 만큼 확률은 높아질 것이다.

자신감, 자존감
도장의 자존감

　교육을 하다 보면 자신감, 자존감을 가지라고 말해야 하는 순간들이 많다. 말은 쉽지만 당사자는 어렵다. 지도자도 이런 당사자의 마음을 모르는 것이 아니지만 성급한 성격을 가지고 있는 누군가는 이런 상황을 견디기 힘들어할 것이다.
　지도자 스스로 실력이 부족하다고 매일 말한다면 자신감이 줄어들고 자신감이 없는 사람은 감정이 앞서는 경우가 많다. 늘 불안한 감정을 내비치는 지도자는 실수들이 반복되고 결국, 반복된 패턴에 자존감도 낮아질 수밖에 없다.

　우리가 어떤 동작을 지도할 때 떨리고 긴장되지만 할 수 있다고 말하는 것은 '자신감'이다.
　시도를 하고 나서 성공하지 못했을 때 스스로를 믿고 다시 도전하는 것은 '자존감'이다. 즉, 할 수 있다고 '자신감' 있게 말하는 것은 누구나 할 수 있지만 실수 후에도 다시 시도해 보겠다고 스스로를 다독이며 도전하는 것이 '자존감'이다. 그러니 자신감을 가지고 시도했지만 의기소침해진 제자가 있다면 다그치고 자신감이 없다고 말할 것이 아니라 채워 줄 수 있기에 더 좋은 순간을 선물할 수 있다.

"자신감/자존감, 도장에도 '도장 자존감'"

대한민국에는 정말 많은 태권도장이 있고 코로나 이전 약 12,000여 개의 태권도장이 코로나 이후 2023년 기준 약 10,000여 개 정도로 집계된다.

제자들에게는 자존감에 대하여 쉴 새 없이 격려하고 교육하며 품어 준다. 그럼에도 도장은 시기에 따라 위축될 때가 있다. 어떤 잘못이 아닌데도 스스로에게 지나치게 다그치는 경우를 많이 본다. 무엇인가를 실행하면 좋겠지만 자책하고 고민만 하고 있으니 변화는 없다.

"우리는 코로나를 극복한 시대이다."

지도자는 지도자를 품어 줄 수 있는 누군가가 없기 때문에 스승과 멘토, 연맹, 연합, 팀 등에 함께하며 방향을 점검하곤 한다. 이런 힘이 되는 활동을 해도 어떤 선택과 결정, 책임감은 오직 스스로에게 맡겨진다. 그렇다 보니 이런 결정에서 따라오는 책임감에 대한 스트레스가 적지 않다.

우리가 물리적으로 바꾸지 못하는 것을 가지고 지나치게 의기소침하고 위축되어 자신감을 잃지 말고, 도장의 활력을 불어넣을 수 있는 것을 생각해 봐야 한다. 물론 누가 모르냐고 하겠지만, 그렇다고 가만히 있어서 지금까지 변화가 없지 않았던가? 연일 쏟아지는 저출산, 인구 감소 뉴스 소식에 인원이 줄어든다고 방법이 없다고 고민할 시간에 다시 넘치는 에너지를 만들어야 한다.

그렇게 만들어지는 에너지와 기운을 주변도 느낀다. 충분한 가치가 있는 나의 도장을 상상하며 적극적으로 움직이고 활동해야 한다. 가만히 있으면서 다른 결과를 기대하는 것은 미친 짓이라고 알베르트 아인슈타인이 말하지 않았던가? 적극적으로 움직이다 보면 퍼즐처럼 조각이 맞춰지고 연결되는 일이 많아진다. 그러다 뜻하지 않은 결과를 얻기도 하고 힘을 얻기도 한다.

"두 번 다시 돌아오지 않을 이 시간, 다짐했다면 목적에 집중하자. 하다 보면 비가 오고 눈이 오고 아프기도 하겠지만, 스스로 정하지 않았던가? 어떤 형용사도 중요할 수 없다."

도장에서
규칙과 규율

"규칙과 규정은 분명해도 늘 친절하게."

규칙과 규율을 매우 높게 설정하는 곳은 수준이 높아지면서 그에 따라 좋은 환경과 교육이 만들어질 수도 있다. 그러나 도장의 포지션을 어떻게 정했는지 생각해 봐야 한다. 도장 전체 규칙은 등급과 개설반에 따라 설정하는 것이 자연스럽다.

지나치게 딱딱하게만 할 때는 전달하려는 의미가 흐려질 수 있다. 유치부, 저학년 아이들에게 높은 수준의 규칙이 잘 지켜질 때는 좋아 보이겠지만 현실적으로는 맞지 않는 경우가 많다.

"실행은 실천을 뜻하기 때문에 실천을 할 수 있는 가장 쉬운 규칙부터 가장 중요한 규칙이라고 강조하는 것이 필요하다."

아이들의 규칙은 작은 곳에서부터 지키는 습관을 만드는 것이 중요하다. 처음에는 작은 곳이라고 충분히 인지할 수 있도록 하고 작은 곳에서 먼저 지키는 연습이 잘될 때 그에 맞는 칭찬을 많이 하면 된다.
"도장에서 규칙을 잘 지킨다면 도장보다 넓은 곳에 가도 이와 같은 규칙을 잘 지킬 수 있다."

지도자 및 직원들 정기 교육

"지도자도 아는 만큼만 할 수 있다."

지도자들은 아이들과 함께하는 곳에서 일을 하고 있기 때문에 정기적으로 받아야 하는 교육이 있다. 상반기 또는 하반기 방학 시기에 맞춰 스스로 교육을 받으면 시간적인 여유도 생기고 계획했던 일을 할 수 있어 도움이 된다. 기간이 도래하여 이수하는 것도 매년 반복되면 습관이 된다. 미리 준비하는 작은 습관이 또 다른 준비와 기회를 얻을 수 있다.

지도자들은 필수 교육도 있지만 지도자들만의 모임 또는 정기 교육을 직접 개최하고 참여하기도 한다. 다양한 사람들과 의견을 주고받으면서 지식과 기술을 축적하지만 사용하지 않는 지식은 사라지듯 서로의 의견을 주고받는 것에만 그치지 않도록 해야 한다. 주의할 것은 인풋을 하고 필터를 거치지 않은 채 그대로 아웃풋하여 교육하다 보면 깊이 있는 교육과 다음 단계로 넘어갈 때마다 흐름이 원활하지 못하게 된다.

지도자 정기 교육은 지도자 또한 배웠음에도 하지 않는 무엇인가를 파악하는 기준이 된다. 교육은 단순히 전달만 하는 것이 아니라 지도자의 자질을 보는 것이기도 하다.

아동 학대,
성범죄 조회,
교통안전 교육 등

우리는 어린이들이 상대적으로 많이 이용하는 곳이다. 따라서 직원을 채용하면 아동 학대, 성범죄 조회는 필수이다. 이 조회는 사전에 동의서 작성이 필요하고 필요에 따라 지역 관할 경찰서에 방문하여 신청을 하면 되는데 꼭 경찰서를 가지 않아도 된다.

범죄경력회보서발급시스템은 아래 사진에서처럼 신청 대상자와 운영자가 직접 할 수 있으며, 운영자는 사전에 가입하여야 한다. 지역 관할 경찰서에서 사업장 확인을 하고 승인을 해 주는데, 며칠 기다리면 승인이 난다. 이후 범죄경력회보서를 조회할 수 있으니 운영자의 경우 사전에 확인 후 가입해 두길 바란다.

범죄경력회보서는 운영자와 신청자 양쪽의 동의로 진행되기에 바로 앞에서 하는 것이 좋다.

"매년 정기적으로 하는 것도 하나의 점검이다."

우리는 대형 도장인가?

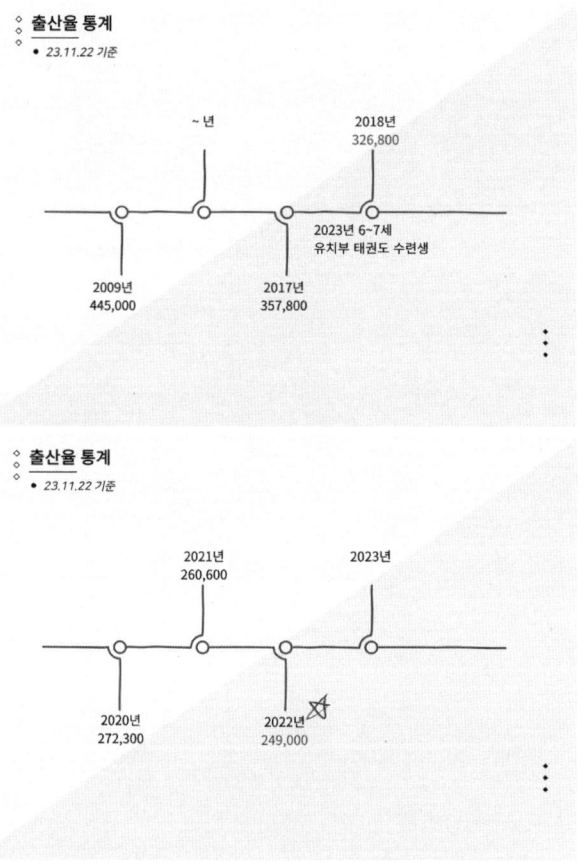

▲ 2009년에는 약 44만 명, 2022년에는 약 24만 명으로 출산율이 약 20만 명 정도 차이가 난다. (통계청 참고)

요즘은 100명을 유지하는 것도 어렵다고 한다. 대형 인원이라고 말하는 기준도 과거보다 많이 낮아졌으며 일반적으로 운영되는 인원을 파악해 보면 저출산을 실감한다.

현재 인원이 적어도 성장기 후 쇠퇴기인지, 성장기에 진입하는 중인지에 따라 상황은 달라질 수 있다. 다만, 주의 깊게 관찰해야 하는 것은 지속적으로 하향될 경우 도태되거나 무너질 수 있다는 것을 지도자는 알아야 한다.

과거 보통 200명 정도는 대형 도장이라는 느낌을 받을 수 없었다. 그러나 현재는 200명 정도 되는 도장은 대형 도장이라 생각하는 사람이 많아졌다. 과거 다자녀의 기준은 아이들이 정말 많아서 다자녀라고 표현해도 어색하지 않을 만큼이었는데 이제는 2명만으로도 다자녀에 속한다. 자신의 도장 인원이 현재 200명 이상의 인원을 관리 중이라면 저출산 시대에도 큰 사랑을 받는 것이다.

"많은 사람들의 바람과 마음들이 담겨져 있는 도장"

이렇게 많은 제자들이 함께하는 곳은 그만큼 책임감도 커지는 것이다. 지도자라면 어깨너머로 배운 기술로만 버티는 것은 무책임한 것이다. 우리 스스로의 노력이 반드시 필요한 교육 공간이다.

"지도자는 인원이 아니라 태도가 만든다."

시장이
무너지고 있다

　지도자라면 시장의 현재 상황을 파악하고 인지하고 있는 것만으로도 시장의 흐름을 이해할 때 큰 도움이 된다.

　다음은 국기원연구소에서 저자가 발표한 자료이다. 시장분석과 흐름, 예측을 위한 용도로 활용한다. 시장분석을 할 때는 여러 가지 요소에 따라 분석의 결괏값이 완전히 달라질 수 있다. 2018년 출생아들은 2023년도에 6~7세가 되었다.

　약 32만 명의 잠재 수련생들이 대한민국 태권도장 약 9천7백여 개의 도장에 나누어 등록할 경우 약 34명이다. 그러나 지역별 인구 이동, 과밀 현상이 발생하여 일부 시/군읍은 아이들이 없는 경우도 있다. 이런 현상으로 일부 지방 도시에는 출생아가 한 자릿수로 나타나며 도장의 수도 줄어들어 사라진 곳이 많다. 이런 지역별 인구 감소 이동은 추후 통폐합이 될 수 있다는 예측을 하기도 하며 시장의 현 실태를 체감하기도 한다.

출산율 통계

2018년(23년도 6세~7세)
326,800

EX)
326,800명 / 9748개 도장=약34명의 잠재수련생
326,800명 / 17개 도시 =약 1922명
1922명 / (충남 시-군-읍 14개) = 약137명
1922명 / 충남 태권도장 359개= 약 5.3명의 잠재수련생
(지역 별 인구이동, 과밀현상시 일부 시/군/읍은 아이X, 부모는 직장이동 등 심각한 문제)

이를 바탕으로 지역 별 분석 후 현재를 예측하여 전략을 수립한다

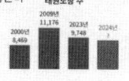

▲ 2018년 약 32만 명

○ 출산율 통계

2022년
249,000

249,000명 / 9748개 도장=26명
249,000명 / 17개 도시 =1464명
1464명 / 충남 시-군-읍(14개) = 105명
1464 명 / 충남 태권도장 359개= 4.07명

과밀현상은 물론 태권도장 반경 500미터 or 1km제한한다면?
"현재 태권도장의 위치기반한 시장파악"

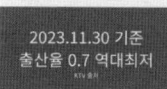

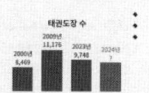

▲ 2022년 약 24만 명 (통계청 참고)

과밀 현상은 물론 반경 500m or 1km를 제한한다면?

좋은 지도자는
대체가 불가능하다

인테리어 때문에 등록했다.
서비스 때문에 등록했다.
거리 때문에 등록했다.

사람마다 다양한 선택 요인이 있다. 지도자는 이 모든 요인에 대하여 조사를 하지 않는 이상 알 수가 없는데 한 논문에서도 소비자 선택 요인 결과에서 가장 중요하게 생각해야 하는 것은 '지도자'라고 했다. 인테리어, 서비스, 거리가 아니다.

지도자

본 연구에서 컨조인트 분석을 통해 얻은 최종 결론은 다음과 같다.

첫째, 자녀 수련에 있어 구매의사결정권자인 학부모가 태권도장 최종 결정 시 가장 중요하게 생각하는 요인은 지도자(28.927), 가격(22.168), 프로그램(18.827), 접근성(15.197), 시설(14.880)순으로 나타났다. 따라서 마케팅 의사 결정자들이 제한된 여건과 제약 요소 가운데 이러한 상대적 중요도의 순서가 높은 요인을 우선적으로 전략을 세운다면 마케팅 성공 확률이 높아질 것이다.

둘째, 상대적 중요도가 가장 높은 것으로 나타난 '지도자' 요인은 마케팅 의사결정자들이 전략 수립에 있어서 가장 중요하게 다루어야 할 사안이다. 특히 지도자의 하위 요인인 인격, 태도, 전문성, 서비스 등의 요인들을 목표 시장의 특성에 맞게 적절히 활용할 경우 마케팅 효과는 더욱 높아 질 수 있을 것이다.

태권도장 선택 시

구매의사결정권자인 학부모가 태권도장 최종 결정 시 가장 중요하게 생각하는 요인은
1. 지도자
2. 가격
3. 프로그램
4. 접근성
5. 시설

우리는 유명한 사람에게 왜 배우러 갈까?

신뢰를 할 수 있으며 그 가치를 느낄 수 있고 그만한 가치가 있다고 생각하기 때문이다.

"교육과 결과 그리고 환경"

센세이션을 일으켰던 교육심리, 천재는 만들어진다는 말이 있듯이 우리는 어울리는 환경에 따라 다르게 성장하고 만들어진다. 인테리어는 더 좋은 곳에 대체될 수 있고 가격과 서비스도 대체될 수 있다. 그러나 대체될 수 없는 것은 지도자이다. 지도자 자체의 브랜드와 격을 높인다면 선택 요인에서는 대체가 불가능해진다. 대체가 불가능하다는 것은 가치가 있다는 것이고 가치가 있다는 것은 매력적인 것이 된다. 그리고 매력적인 것은 결국 선택받게 된다.

지도자처럼 전문가의 영역일수록 이런 현상이 중요하다. '지도자의 격'을 높이자.

대형 도장을
고집하는가?

　대형 도장을 하면 자연스럽게 한 타임에 수용할 수 있는 인원도 증가한다. 그만큼 대형 도장은 초기 전략부터 적은 인원이 아닌 많은 인원을 목표로 하여 접근했기 때문에 많은 도구와 장비들이 도장을 가득 채우기도 한다.

　그러나 꼭 대형 도장이 아니어도 체육도장은 기본 필수 물품이 정말 많다. 초기에 지출되는 비용이 증가하면 결국 운영에 득이 되는 것보다 재무제표에서 어려움을 겪는다.

　재무제표를 꼼꼼하게 작성하고 활용하는 사람은 투자 대비 원금 회수의 기간까지 충분히 고려하는 등 매우 탄탄하게 운영을 한다. 그런데 큰돈을 쓰다 보면 누군가에게는 큰돈이 크게 느껴지지 않을 때가 있다. 집을 구입하거나, 가전제품에 높은 비용을 사용하고 나면 추가적으로 소비가 발생해도 상대적으로 적다고 느껴져 감정적 소비가 증가하는 것과 같다.

　"지도자에게 필요한 필수 물품은 무엇이 있는가?"

미니멀리즘 도장

미니멀리즘 도장은 작은 도장을 말하는 것이 아니다.

미니멀리즘 도장은 불필요하다고 여겨지는 것들을 줄이고 필요한 핵심 운동 용품과 제품 그리고 공간으로 구성하면 된다. 도장을 운영하다 보면 대부분 많은 물품과 제품을 쌓아 두고 또 쌓아 두는데 이 과정에서 쌓아 두기는 쉽지만 버리지는 못하다 보니 쌓여만 가고 관리 항목도 증가한다.

"정기적/비정기적으로 줄일 수 있는 것들을 줄이고 비운다."

도장 자체를 청결하게 관리하는 것이 그날의 준비를 하는 것과 같다. 《지도자의 결》에서도 청결에 관해 이야기했다. 그리고 여전히 신발장까지도 닦는지 질문을 하는데 여전히 신발장까지 닦는다. 이루다 태권도장의 경우 입구, 신발장 그리고 첫 입장에서부터 들어오는 시야 3초를 중요하게 생각한다. '초두 효과(첫 인상이 가장 큰 영향을 미친다는 심리 이론)'처럼 심리적인 요소를 반영한 이유이다. 또한 초두 효과와 반대로 신근 효과(나중의 인상이 가장 큰 영향을 미친다는 심리 이론)도 함께 생각한다. 신근 효과는 보통 사람에게 적용하여 첫인상이 좋지 않았다는 인식을 주었어도 변함없이 꾸준하거나 긍정적인 활동이 오히려 좋은 이미지로 보이는 것이다.

지도자 스스로가 가장 잘 알고 있겠지만, 대형 도장을 할 수 없는 상황에서 무리하게 하는 것은 여러 가지 어려움이 따를 수 있고 책임을 져야 한다. 할 수 있는지, 할 수 없는지 등 고정 비용과 수용 인원의 한계를 운영자는 알고 있어야 선택하는 데 도움이 된다. 미니멀리즘 도장의 목적은 깔끔하면서도 심플한 운영 그리고 운영 자산의 원활한 흐름이다. 대형 도장의 경우 수입이 좋을 때는 저축도 가능하고 다양한 투자도 고려할 수 있지만 인원이 없을 때는 고정 비용 자체가 매우 높아 현금 흐름이 원활하지 못하고 리스크도 높아진다. 우리의 목적은 창업만 해 두는 것이 아니라 지속할 수 있는 도장이 있어야 한다.

"시작하는 지도자라면 본인에게 맞는 상황을 객관적으로 판단해야 한다."

등록 후, 즉시 참여?

"도장마다 다른 본 교육 참여"

새 학기에는 다양한 사람들이 하루걸러 등록하는 경우도 발생한다. 같은 타임에 한 명이 아닌 두 명, 세 명, 여러 명이 등록할 때도 있다. 이때 새롭게 등록하는 원생 관리를 위해서 오리엔테이션 기간을 가지는 방법도 있다. 단, 지도자가 1인, 2인 이상 상황에 따라 다르기 때문에 효율성과 여러 가지 상황을 고려하여 진행해 볼 수 있다.

신규 등록한 수련생들을 1~2주간 오리엔테이션을 가지고 2주간은 본 수업이 아닌 오리엔테이션 및 적응 기간을 가지며 안정화를 가질 수 있는 규칙과 교육에 대한 설명을 한다. 현장에 바로 합류하는 방법은 일반적이다. 언제라도 교육을 볼 수 있도록 배려한다.

캐나다의 랭리태권도장, 킹태권도장의 경우 지도자와 수련생이 1대 1 지도 기간을 거치고 본 수업에 합류한다. 이런 시스템은 쉽지 않지만 차별화를 만들고 체계를 잡아 가는 시간에는 큰 도움이 될 것이다. 이처럼 각 도장마다 입관 후 등록 방법부터 본 교육에 참여하는 과정에 변화를 주어 차별화를 만들 수 있다.

2~3회 시스템도
많아진다

태권도장은 기본적으로 5회가 일반적이지만, 축구장, 발레 등은 2~3회 기준으로 운영되는 곳이 많다.

시대적인 시장의 흐름을 고려한다면 앞으로 스케줄에 따라서 횟수제의 변화가 있을 것으로 예상된다.

본 도장도 교육비 체계는 앞서 변화하고 자리 잡은 케이스이다.

"다른 곳이 없으니, 이해하기 쉽지가 않다."

사람들은 보편화된 교육비에 익숙해져 있다. 기존의 틀에서 벗어나지 못하면 선도할 수 없다.

프로그램, 횟수제, 부별 등 교육비 체계의 변화를 주어 다양한 사람들이 최소 시간에도 효율적인 이용이 가능하도록 하였다.

그리고 이미 많은 곳들이 변화가 시작되었다.

지도자, 실장님, 선생님 등 근로자 시간대별 중요 업무

일을 하다 보면 업무가 몰릴 때가 있다. 바쁜 와중에도 빠진 것은 없는지 우선순위는 무엇인지 생각하지만 업무량이 과도할 때는 정리가 되지 않는 순간도 온다. 이럴 때일수록 기본을 지키기 위해서 근로자별, 시간대별 중요 업무표가 도움이 된다.

기본도 지키지 못하면 기본으로 신뢰에 금이 간다.

다음 자료는 시간대별 중요 업무를 기입하고 이 자료를 바탕으로 지도자와 관리자가 각각 중요하게 생각하는 것은 무엇인지 파악한 후 수정하여 피드백도 가능하다. 또한 본 자료에 기입 사항을 근로자에게 직접 작성하도록 요청하면 지도자가 중요하게 생각하는 것과 관리자가 중요하게 생각하는 것의 오차 범위를 크게 줄일 수 있고 업무 방향에 대하여 효과적인 도움이 된다.

일일 업무보고		작성자	성명	이루다
			지점	한국본관
		작성일자		25.01.02
		문서번호		01

금일 진행 업무	체크리스트 수정, 수련계획표 점검, 차량시간표, 출석부를 기반한 수업, 전체적인 흐름 파악		
	시간	업무내용	비고
세부 업무 내용	12:00 - 13:00	일일업무준비, 전 날 부모님 연락 확인 및 답변, 출석부 정리, 학교픽업 체크, 블로그 작성 및 PC업무	업무시작 체크리스트 정기세차 필요
	13:00 - 14:00	월 수 교육, 교육을 먼저 하는 날 준비, 도장 내부점검	정기세차 필요
	14:00 - 15:00	3시 돌봄확인, 차량변동 전달, 중간 부모님 답변, 교육	-
	15:00 - 16:00	3시 돌봄확인, 교육, 실시간 부모님 답변	유치부 관리시간
	16:00 - 17:00	유치부 등원 맞이하기, 실시간 부모님 답변, 교육, 유치부 전담케어, 유치부 도복 환복 등	유치부 교육시간
	17:00 - 18:00	유치부 전담 케어, 교육, 수업 종료 후 유치부 가방 전달	국기원 자격반 (비정기적)
	18:00 - 19:00	차량하원 집중, 교육, 실시간 부모님 답변	-
	19:00 - 20:00	차량하원, 교육준비 및 클리닝, 실시간 부모님 답변	마지막 부 준비
	20:00 - 21:00	차량하원, 교육, 도장 마무리 및 청소, 부모님 답변	업무종료 체크리스트
미종결 업무사항	분실물 전달이 안되었음		
익일 업무계획	수련계획표를 반영하나 그날의 온도와 분위기를 반영하여 유연하게 적용한다		
특이사항	탈의실 문에 긁히는 부상의 빈도수가 증가하고 있어서 탈의실 문 개선 방안 찾아볼 것		

▲ 예시) 일일 업무보고 자료

제자가 이사를 가거나
다른 곳으로 갈 때도

일부 태권도장에서는 수련생 추천서, 제자 추천서 등이 활용되고 있는데 그만두지 않고 타 지역으로 이동하여 태권도장을 이어서 다닐 때 활용할 수 있다.

이렇게까지 해야 하나 생각할 수 있지만 계산적인 마음만 뺀다면 가능하다.

"제자를 생각하는 마음, 표현하지 않으면 모른다."

> 안녕하십니까?
> ○○○태권도 사범 ○○○입니다.
> 쌀쌀한 날씨 감기 조심하시고 건강과 행복이 가득하시길 기원합니다. 다름이 아니오라 제자 ○○○가 이번에 귀 태권도장으로 입관하게 되었습니다.
> 많은 애정을 담았던 제자가 또다시 훌륭한 지도자분께 연결된다는 것에 한편으로는 감사를 느낍니다.
> 제자 ○○○의 수련 정보를 보내 드리오니 조금이나마 도움이 되신다면 좋겠습니다.

현 급수:

최종응시:

○○○는 현재 태극 1장부터 4장까지 숙지를 하였고, 품새를 잘 이해하며 수련 중입니다. 발차기 포인트에서 집중력이 우수했습니다. 다양한 교육을 깊이 있게 교육해 주시면 잘 흡수할 수 있을 것이라 믿습니다. 아낌없는 칭찬과 애정을 부탁드립니다.

감사합니다.

2025. 01. 02.

태권도 관장 ○ ○ ○

시스템의
진정한 의미

"시스템은 노동적 노력을 계속할 수 있도록 만드는 것이 아니라, 사업의 원활한 흐름이 끊기지 않도록 원인을 찾아 해결하고 방향성을 수정하며 끊기지 않는 흐름을 만드는 것이다."

지도자에게는 하루에도 수많은 일들이 일어나고,
찰나의 순간에도 많은 일들이 발생한다.
노력하지 않은 사람 없지만 노력만큼 수준이 높아지는 것은 아니다. 그럼에도 실력만이 나를 지켜 주고 미래를 열어 주는 것은 사실이다.

짜임새 있게 잘 만들어진 시스템도 주인 없이 돌아가지 않는다면 언젠간 빈자리에서 문제가 발생하고 해결할 수 없게 된다. 사람들에게 원하는 환경을 제공하면서 단순히 이용만 할 수 있게 하는 것도 시스템의 완성은 아니다. 시스템은 사업이 지속 가능하고 지속 성장하도록 해야 한다. 농부가 농사를 짓고 기도를 한다고 더 많은 수확을 할 수 있는 것은 아니다. 시스템도 할 수 있는 곳까지의 영역이 있다.

지도자의 격
Shorts

- 시대적으로 방법을 찾기는 너무 쉬운 시대, 유튜브, 검색 등 그러나 이렇게 많은 방법들 사이에서 오히려 정답이 없는 것 같아 본인 스스로 혼란스러워한다.

- 끝없는 비밀은 없다. 지도자답게 갖춰 가야 한다.

- 변화에 빨리 적응하는 것도 중요하지만, 바뀌지 않는 것은 도대체 무엇일지 핵심을 파악하는 눈은 더욱 중요하다.

- 1~4품, 1~4단 등 취득이 중요한 것이 아니라 스스로가 고강도 수련을 감당하지 못할 때가 많다. 스스로 다듬어 가는 시간은 평생이다.

- 잘 사는 법을 잘 먹고 잘 놀고 잘 쉬는 것만 생각한다면 현재는 잘 산다고 생각할지 모르지만 어떤 어려움을 이겨 내고 극복하고 지혜를 얻는 것은 장기적으로 잘 사는 법을 배우는 것이다.

- 타인의 말과 말투가 듣기 불편하여 지적하고 바꾸려는 순간부터

고통이다. 다르게 생각해 보니 내 귀가 예민한 것이다. 스스로 귀가 예민하다는 것을 이해하는 순간, 한결 편해질 것이다.

- 기술을 일관성 있게 유지하는 비결 중 한 가지는 성실함이다. 지도자도 일관성 있는 환경 제공을 위한 기본 중의 기본이 성실함이다.

- 개인의 멋이 아닌 자신의 일에 대한 멋을 내는 사람, 즉 규율을 정확하고 명확하게 갖추는 사람이 진짜 멋진 사람이다. 군인이 멋을 내려고 모자를 삐딱하게 쓰는 순간 격은 멀어진다.

- 노력으로 바꿀 생각만 하지, 투자를 할 생각은 못 한다. 시간을 투자할 생각만 하지, 자본을 투자할 생각은 못 한다. 노동을 투자할 생각만 하지, 머리를 투자할 생각은 못 한다. 노동적 노력에 익숙한 사람은 노동적 노력으로만 바꾸려는 의지가 강하다. 다양한 노력과 투자가 있다.

- 하기 싫은 일 대부분 그 안에 정답과 해결책이 있다.

- 경청만 교육하지, 질문하는 법을 교육하지 않는다. 정제된 생각과 겉으로 듣는 자기의 목소리는 들리는가?

- 어떤 것이든 이름의 중요성은 크다. 유니클로 히트텍은 과거 내복과 다르지 않다.

- 기술을 배우는 것도 배우려는 의지 크기에 비례한다.

- 독점 도장의 위험성은 본인이 쇠퇴하는 것을 느끼지 못한다. 경쟁이 있다는 것은 어느 정도 서로에게 발전이 된다.

- 실력 없는 자신감의 가벼움

- 늘봄 대안 첫 타임 운영 대안, 첫 타임 교육비 혜택 제도 도입(타임 혜택 등)

- 내가 생각하는 최상의 컨디션에서는 업무를 잘할 수 있다고 생각했는데 막상 그 순간이 되면 안락함이 따라오고 게으름이 올라온다. 적당한 불편은 꼭 나쁜 것만이 아니다.

- 노동으로만 나의 게으름을 기준 잡지 말자. 미슐랭 3스타가 접시 놓고 요리하고 포장하고 뒤처리하고 계산하고 배웅하지 않는다. 정확한 업무 분담과 큰 것을 할 줄 아는 능력과 실력이 중요하다.

- 본질의 이야기, 품새를 잘하고 싶은 사람이 명상을 24시간 한다고 품새를 잘하는 것이 아니다. 그냥 품새를 연습하는 것이 빠른 길이다.

- 지도를 할 때 간절하지 않다고 게으르거나 태도가 좋지 않다고

색안경을 끼지 말자.

- 어릴 때 목적 설정하는 연습을 많이 해야 한다. 성장 시기 목적이 없던 아이는 대학교라는 큰 목적이 생길 때 굉장한 부담감으로 미리 포기하기도 한다. 어릴 적부터 적절한 부담감의 목적 설정과 그 시간을 직접 걸어 보는 시간이 필요하다. 예를 들면 우리는 대회로 그 목적 설정을 하고 걸어 볼 수 있다.

- 블로그를 작성할 때 내가 올리고자 하는 제목을 검색하고 상위 5개를 분석하고 키워드를 추출하고 글을 작성해 본다.

- 키워드를 찾는 연습이 본질을 찾는 연습과 비슷하다.

- 도장 문화는 정말 중요하다. 무분별한 확장과 다른 문화의 흡수는 본연의 색과 문화를 무너트린다.

- 스포츠 바우처를 알고 있다면 장애인 바우처, 특수 체육 가맹점도 신청해 두자.

- 너무나 소중해 유모차에 태우고 다니다 보니 활동이 적어 건강의 불균형이 따라온다. 무조건적으로 강인해질 필요는 없지만 건강을 책임질 필요는 있다. 소중하다면 내 기준과 내 수준에서만 성장시키면 안 된다. 어쩌면 상대방을 망치는 시간일 수도 있다.

- 순간에 반응해야 할 때가 있고 순간에 반응하지 말아야 할 때가 있다. 춥다고 난방을 틀고 덥다고 에어컨을 틀면 정작 해야 하는 일은 못 한 채 휘둘리기만 한다.

- 못 버티면 잊히고 버티면 기억한다.

- 규칙을 어려워하는 사람에게 규칙을 못 지키니 다른 규칙으로 제한을 둔다. 기존의 규칙을 지키지 못했는데도 말이다.

- 모방도 쉬운 것부터 따라한다.

- 훈련을 많이 하면 모든 힘이 소진되는 그 순간, 내 몸의 다른 근육들을 사용하면서 동작을 완성한다. 이런 순간들이 10가지를 배웠을 때 11가지를 해내는 순간이다. 이런 시간들이 불규칙하고 불특정한 순간에 순간적으로 발휘되며 누구도 예상하지 못한 동작을 만들어 내기도 한다.

- 노티드는 선물하는 도넛이라고 포지셔닝하였다. 포지셔닝은 정말 중요하다.

- 감동을 넘어 감탄하는 지도자

- 재밌는 것만을 보고 교육할 것이 아니라 보통의 것들도 보통의

날에 즐거운 교육이 될 수 있도록 하는 것이 진짜 능력이다.

- 연약하다는 것은 아물지 않았다는 뜻이기도 하다.

- 관리를 위해서는 평가가 반드시 따라야 한다.

- 태도를 갖추면 게으름이 불편해진다.

도움이 되는
운영 정보들

- 학원 운영의 모든 것 윤팀장 TV
- 골목학원
- 학원 전문 강의
- 네이버 밴드 빅토리(태권체조 등)
- 네이버 밴드 ET(태권제조 등)
- 태권스토리 종이송판, 종이미트, 종이촛불 등
- 태권도스토리 구인 구직
- 태권디자인 구독 서비스
- 태권명가 킥리의 회전발차기
- 태권도 과학연구소 태권도 용품들
- 태권도 서적
- 무선마이크(imon 쿠팡)
- 메달, 트로피 보통의 가성비(챔피언 트로피)
- 상표 등록 착한상표, 브랜드 톡, 마크인포 등
- 키오스크 도입 증가
- 띠 승급 라벨지
- 노무/세무는 반드시 전문가에게
- 도장, 직인 글로싸인

- 컴퓨터 자수기 부라더 미싱, 해피 HCS1201 등
- 상처 안 나는 그린밴드랩
- 체육시설업 점검표를 도장에 접목
- 하나의 전화기로 두 개의 전화번호는 듀얼 넘버
- 시청 일자리지원센터 구인 구직

"도장 참고서"
기본을 갖추다

• 상반기 중점 사항(예시)

월	내용 + 상반기
1	• 동계 방학 시기 • 겨울 방학 특강/캠프 등 • 돌봄 대비 홍보 • 사업장 현황 신고 준비 • 방학 기간 전 직원은 각종 교통안전 교육 이수 • 아동 학대 신고 의무자 교육 수강 신청(연 1회 법적 의무 교육) • 유치부 방학/수업 변경/차량 변경 조사
2	• 사업장 현황 신고 • 신학기 적응 교육 • 예비 1학년 특별반 운영 • 예비 소집일 대비 • 지역별 품새, 겨루기, 국기원 직무 교육 및 강습회 • 개학식/졸업식/종업식
3	• 입학식 및 입관 행사 • 신학기 적응 저학년 특별 프로그램 • 건강보험+고용보험 보수총액 신고 • 학교별 학생회장, 학급 임원 선거
4	• 봄 소풍 • 계절별 체험 프로그램 • 야외 수련 • 종합소득세 신고(카드, 현금영수증 매출 건 확인/전년도) • 지역별 지역 대회 준비 시기
5	• 종합소득세 신고 • 운동회 • 어린이날, 어버이날, 스승의 날, 부부의 날 등 각종 행사 기획 • 현장 체험 학습(소풍) • 체험 및 이벤트 행사가 필요한 시기 • 전환장벽(퇴관) 관리 집중 기간 • 하계복 준비 기간
6	• 호국의 달 프로그램 • 충효, 애국 체험 프로그램 • 학부모 공개 수업 • 방과 후 학교 공개 주간

• 하반기 중점 사항(예시)

월	내용 + 하반기
7	• 여름 방학 대비 특별 프로그램 • 돌봄 교실 • 여름 캠프 • 기말평가 • 대학생 아르바이트 구직 집중 기간(대학생 방학)
8	• 여름 추억 프로그램(여름 이기기 등) • 여름 방학 특강 및 행사 시기 • 개학식 • 학급 임원 선거 • 여름철 에어컨 관리
9	• 하반기 방학 후 입관 행사 • 신입 관원 적응 프로그램 • 계절별 체험 프로그램
10	• 개천절 • 추석 연휴 • 현장 체험 학습 • 정기 발표회
11	• 야외 수련 • 수학여행 • 방과 후 학교 수업 공개 주간 • 포인트 파티 & 크리스마스 파티 준비 시기 • 겨울철 차량 관리 시기
12	• 승품/단 심사 대회 • 공개 수업 • 방학 대비 돌봄 교실 • 연말 시상식 • 크리스마스 파티 • 동계 방학 시기 • 새해 대비 이벤트 • 겨울 방학식 • 아동 학대 신고 의무자 교육 수강 신청하기(연 1회 법적 의무 교육) • 방학 기간을 활용해 어린이 통학 버스 안전 교육 이수하기 • 연간계획표 • 동계 방학 준비 시기 • 포인트 파티 & 크리스마스 파티 준비 시기 • 유치부 방학 시 수업 변경 및 차량 변경 필수 • 1월 휴가 및 방학으로 변동이 많은 시기 • 한 해 감사 인사와 새해 방향 및 가치 전달 시기

설립 전 확인 사항

시작하는 누군가 진행하는 일마다 번번이 막히게 되면 남아 있던 힘도 빠지게 된다. 사업자를 내고 사업을 시작한다면 적어도 내가 하려는 업종이 무엇인지, 사업이 가능한 건물인지 확인하는 것이 먼저다. 그래야 피해를 입지 않거나 피해를 최소화할 수 있다. 섣불리 계약 먼저 하지 말고 계약 전에 건축물대장을 발급받거나 부동산에 요청하면 준비해 주기 때문에 말 한마디로도 충분하다. 시간을 내서 굳이 알아보고 발로 뛸 필요가 없다. 받은 자료는 계약 전 건물의 용도를 확인할 수 있다.

"사업이 가능한 건물인 것은 확인했는데 어떻게 준비하는지 어렵다면 본 책을 참고하고 시설 허가 및 신고 부서에 직접 확인하는 것이 가장 안정적이다. 이런 이유는 지역마다 다른 경우가 있기 때문에 담당 부서에 문의하면 친절하게 안내를 받을 수 있다."

1. 설립자의 자격

- 결격 사유에 해당하지 않는지 확인

2. 위치 선정 시 고려 사항

- 체육시설업/학원 설립 건축물 용도 확인
- 위반 건축물은 아닌지 건축물대장에서 확인할 것(위반 건축물은 과태료 등 부가적인 어려움이 따를 수 있다)
- 학원의 경우 지역별 담당 부서에 문의하여 거리 제한 등을 확인할 것(체육시설업의 경우 해당 사항은 아니지만 고려할 부분이기도 하다)
- 층수에 따라 비상구 여부를 반드시 확인할 것
- 지역별 상가 관리비 필수 확인 후 미납 관리비는 계약 후 계약 당사자에게 책임을 묻기 때문에 사전 관리비와 납부 이행 여부를 반드시 체크할 것(기본 몇백에서 몇천도 있다)
- 시장분석, 상권분석은 반드실 필수
- 같은 업종만 분석할 것이 아니라 범주를 넓혀 체육업 전체를 분석하는 것이 효과적이다.

3. 임대차계약서

- 건축물대장의 소유주와 계약할 것
- 임대차계약서 임차인과 임대인(설립자)은 동일할 것
- 상가 매물이 한 명의 공인중개사 단독으로만 거래하는지, 다른 공인중개사에게도 있는 매물인지 주의하여 확인한다.

4. 시설

- 1종 근린생활과 2종 근린생활시설 확인
- 최소 기준 면적과 시설 유의 사항을 확인
- 소방 점검은 필수(스프링클러는 반경을 기준으로 하기 때문에 설계도를 보고 누락된 것이 있는지 사전에 확인 가능하다. 추후 재시공 시 발생하는 비용이 적지 않다. 스프링클러의 반경은 인테리어 업자에게 묻고 잘 모른다면 인테리어부터 사고가 발생할 수 있다)
- 전기 시설 필수(분전함은 계약 시 있다면 최소 몇십만 원은 절약 가능하다)
- 이 외 운동 물품 및 시설 완료를 할 것(점검 시 구비 여부와 적합 여부를 판단함)
- 소화기 비치 여부
- 공간으로 구분된 모든 곳에는 비상구 안내와 설치가 필수

5. 명칭

- 지역 내 사용 불가한 이름이 있을 수 있으므로 반드시 확인할 것
- 상표 등록 반드시 파악 후 사용할 것
- 브랜드 또는 특정 이름 짓기 전이라면 지역 이름을 추가하면 검색 시 유리하다.

6. 최종 점검

- 모든 구비 서류는 준비되었는지 확인할 것
- 체육시설업을 먼저 하고 사업자등록증을 발급받는다(체육시설이 완료되지 않은 상태에서 사업을 할 수는 없다).

- 신고필 납부비까지 완료하면 체육시설업 신고와 사업자등록증 준비는 끝이 난다.

• 도장 창업 시

상표를 보호할 권리를 가지기 위해서는 상표 등록을 먼저 해야 한다.

1. 체육시설업 등록/신고

- 필수 시설: 지자체마다 바뀌는 규정들을 반드시 확인(탈의실, 화장실 등)
- 최소 크기 태권도장: 1인당 16평방미터 등(각 지역마다 태권도장 최소 평수가 있는지 확인)
- 각 공간 소방 시설: 소방 점검 승인 후 운영 가능. 모든 인테리어가 완료된 후 점검 승인을 하기 때문에 모든 곳에 소방 센서 및 소방 시설 점검에 대비할 것(미설치 시 승인 불가하므로 필수 설치)
- 필요 서류: 신분증, 임대차계약서
- 장소: 시청

2. 사업자 등록

- 필요 서류: 체육시설업 시설 허가 신고증, 임대차계약서, 신분증, 생활스포츠지도사 또는 전문스포츠지도사 자격증 사본
- 인테리어가 종료된 태권도장은 시설 점검을 받고 승인된 경우 구

청/시청 허가과에서 승인된다.
- 장소: 세무서 or 개인 홈택스, 시청 방문
- 사업자등록증 신청 시 면세사업자: 태권도장은 면세사업자로 매출에 대한 부가세를 면제받기 때문에 일반과세자가 아닌 면세사업자로 신청

3. 태권도장 상해보험

- 모든 도장은 만일의 사고에 대비하여 체육관 상해보험에 가입한다. 상해보험은 작은 부상 및 큰 부상에 본인 및 체육관의 부담을 미연에 방지하는 역할이자 사후 관리를 위해서도 필요하다.
- 신청: 주변 보험 회사 또는 은행(자부담 발생)에서 가능하고 보험 가입 금액은 추천을 받거나 상담을 하면 된다. 최근 24년도 기준으로 자부담 비용과 보험 기본료가 상당히 높아지기도 했다.

4. 부동산 상가 계약

상가를 계약할 때 최소 천만 원 이상 절약할 수 있는 팁이 있다. 바로 'ㄷ' 자를 기억하면 된다. 디귿 자는 바닥과 옆면과 천장의 마무리와 마감 상태이다.

이 3가지면 누구나 평수에 따라 다르겠지만 천만 원 이상 절약할 수 있다.

※ 상가 계약을 하기 전 급한 경우를 제외하고는 누수 체크를 반드시 하길 바란다. 비가 올 때까지 기다릴 수 없다면 상가 계약 전 누수 여부를 확인한 후 간판 설치를 하길 바란다.

간판 설치 후 누수가 발생했다는 논쟁을 피할 수 있다. 실제로 간판을 설치한 후 누수가 발생하는 경우도 있는데, 이때는 건물주의 책임으로 돌아가지 않을 수 있다. 하자 여부의 확인이 안 되는 것은 물론 간판 설치 후 누수라고 서로의 입장만 나올 수 있다.

연결 고리처럼 따라오는 또 하나의 분쟁 중 한 가지는 소음도 있다.
- 건물/상가 간판으로 인한 누수 발생 시 당사자가 처리해야 하는 경우가 대부분이다. 간판 시공 전과 후 누수 여부를 간판 시공자와 계약 전 협의를 하고 간판 시공 이후 장마 기간 누수가 발생할 경우 외부 실리콘 등 방수 작업 처리를 추가로 요청할 수 있으며 비용은 없다는 것을 명시 또는 계약에 포함할 것을 추천한다.
- 공인중개사와 안전한 거래를 추천
- 부동산 계약 시 건축물대장에서 학원으로 시설이 되어 있는지 확인
- 용도 변경이 안 된 경우 계약 전 임대인과 협의하여 용도 변경을 요청한다(수백만 원 절약 가능).
- 부동산 계약 시 천장, 바닥, 벽면에 대한 조건 협의
- 부동산 계약 시 임대인과 체육시설업의 경우 부가가치세 면세사업자로 부가세 지출 제외 또는 고정 비용(월세) 등을 낮춰 활용할 수 있는지 협의
- 상가 계약 시 상가의 층을 확인 후 옥외 광고법 위반 사항이 있는지 확인(대부분 자기 상가에 외부 현수막을 게시하면 불법이 아니라고 하는데 옥외 광고물 위반이 될 수 있으며, 옥외 전광판, TV 등 모두 포함된다)
- 상가 계약 시 간판의 위치, 전기 사용 여부, 창고 및 공공시설물 사용 범위를 사전에 확인
- 상가 계약 시 관리비 등 기타 제반 사항을 꼼꼼히 확인(추후 문제 발

생 시 큰 문제로 발전될 수 있다)
- 사전 관리비 완납 확인(필수 사항)
- 누수 여부 반드시 확인(비 오는 날 가 보는 것을 추천)
- 철거가 되어 있지 않은 곳 계약할 경우 계약 해지 시 "철거 의무 없음"을 특약 사항에 반드시 추가
- 부동산 계약 시 태권도장은 아파트가 아니기 때문에 실평수를 반드시 확인
- 계약 시 공용 창고, 공용 베란다, 공용 공간이 있는지 체크(간혹 한 상가에서 독점하듯 사용 중일 수 있으며 도장 특성상 물품이 많으므로 사전에 확인하면 도움이 된다)
- 유흥업소의 경우 반경 거리 제한이 있고 체육시설업의 경우 해당되지 않는다고 하지만 정책은 늘 바뀌기 때문에 사전에 반드시 확인

5. 네이버, 다음 등 플레이스 등록

소비자가 사업장을 찾으려면 인터넷에 노출이 되어야 한다. 하지만 검색 노출은 자동으로 되는 것이 아니다. 사업자등록증이 나오면 따로 등록해야 한다. 네이버, 다음, 티맵, 카카오내비, 카카오맵 등이 포함된다.

6. 카드 단말기

카드 단말기는 인터넷에서 저렴한 것으로 선택해도 무방하나 수수료 부분을 반드시 확인한다. 카드 단말기는 연간, 월간, 주간 매출 등

을 확인할 수 있고 연간 카드 매입은 얼마가 되는지 모두 확인이 가능하다.

7. 연간 세금 신고 및 세무 관련

세무서 근처에 세무사무실이 가장 많다. 사업 1년 후 신고를 해야 하기 때문에(당해 연도에는 신고할 것이 없다) 세무사무실과 계약 시 연간, 월간 중 계약이 가능하나 금액이 높아질수록 기장을 하기 때문에 월 단위 관리가 유용하다.

• 협회 가입비 및 각종 단체 가입

1. 협회비, 각종 단체 및 회원비

협회 가입은 필수적으로 해당 지역 태권도 협회를 통해 가입 가능하다. 이 외 선택적으로 다양한 단체 가입을 할 수 있는데 이를 통해 단체별 혜택을 받을 수 있다. 모든 지출 비용은 고정 비용으로 책정되므로 예산안에 꼭 반영하여 재무제표에 차질이 없도록 한다.

2. 총액 점검은 필수

단체에는 활동비 또는 회원비가 발생할 수 있다. 상대적으로 적다고 볼 수 있지만 활동하는 단체가 여러 개 있다면 합산될 경우 수십만 원에 해당하기 때문에 반드시 고려하여 필요하지 않은 경우 정중히 의사를 전달하고 업무에 집중한다.

• 인테리어

1. 주의 사항 및 TIP

- 인테리어는 시대적 유행을 반영하는 경우도 있지만 도장의 경우 장기적으로 운영하는 곳이 대부분이다. 인원이 증가하고 쉽게 질리지 않도록 계획한다.
- 여러 도장 탐방은 필수 중의 필수다.
- 내부/외부 대기 공간을 구상한다.
- 거울 설치는 케이스 바이 케이스다.
- 태극기는 정규 사이즈가 있으므로 반드시 참고한다. 외국인 또는 정확한 배움을 가지고 계신 분이 방문했을 때는 태극기의 사이즈가 다르다는 것을 바로 알 수 있다.
- 천장 샌드백 설치를 위한 인테리어 시공은 계약 시 미리 해야만 추가 비용이 발생하지 않는다. 셀프로 할 경우 시간이 걸릴 뿐 가능하지만 쉬운 작업은 아니다. 철물전 또는 공구사에서 함마드릴, 앙카, 앙카대, 망치 등 필요 장비를 대여하여 설치하면 된다.
- 유치부와 초등부 공간 구분이 효율적이지만 현시대 물가에는 그런 공간을 마련하기란 쉽지 않다. 대책으로 자바라 시공 또는 이동식 벽을 시공하지만 소음 문제는 안고 가야 한다.
- 계단식 대기 공간을 검색 후 필요에 따라 활용하기를 적극 추천한다(예: 학교 운동장).
- 바닥 매트 시 전체를 시공할 수도 있지만 공간 구분을 하는 것만으로도 교육 효과를 줄 수 있는 공간 구분이 있다(이루다태권도 수청

점 참고).
- 음수대는 바닥에 물이 흡수될 경우 나무 또는 인테리어가 손상될 수 있으므로 반드시 사전에 설치 위치를 설정하고 인테리어 중간이나 마감에는 어려운 경우가 대부분이기에 인테리어 전 인테리어 반영하에 설치한다(꼭 긴 정수기를 하지 않아도 된다).
- 대기실 및 탈의실에는 천장을 활용한 수납공간을 디자인하는 것이 효과적이다. 또한 천장을 막은 것과 개방한 것에는 큰 차이가 있고 비용적인 절감도 얻을 수 있다. 단, 장점이 있다면 단점이 있다는 것을 기억하자.
- 대기 의자는 수납공간이 수납형 의자를 제작하면 효과적이고 개방형 또는 폐쇄형 수납 방식이 있으므로 공간에 맞게 인테리어를 한다.
- 태권도장 매트 천 선택 시 2개의 경기장이 나올 수 있는 것을 선택하면 규칙과 효율성 모두 유용하지만 요즘은 한 색으로 전체를 하는 곳도 많고 실제 경기장 매트를 사용하는 곳도 많다.
- 모든 공간에 소방 센서 시설이 설치되어야 한다.
- 도장의 바닥 최소 사이즈가 각 지역마다 있을 수 있으므로 반드시 참고하여야 한다.
- 업체가 동종 업계 노하우를 가지고 있는지 체크하고 A/S 보증 기간도 추가한다.
- 탈의실의 형태가 많이 달라졌다. 사무실이 탈의실과 붙어 있다면 소음에 유의한다.
- 상가 계약 시 테라스(옥상) 사용 여부를 확인한다. 공용 테라스의

경우 일부 상가 측에서 단독 또는 개인이 사용하고 있는 경우가 있다.
- 외부 창문에서 물이 새지 않는지 반드시 확인하고 고층일수록 누수에 예민하게 반응하여야 한다. 고층일 경우 외부 작업으로 그 수리비를 충당해야 하고 한 번에 누수가 잡히지 않을 경우가 빈번하다.
- 인테리어는 아는 만큼 비용을 절약할 수 있다. 배전함, 바닥 시공 여부, 벽면, 천장, 누수, 간판 위치 등 직접 확인할 수 있는 것들이다.
- 가장 중요한 것도 단언컨대 시공 업체 선정이다. 공사 대금을 받고 잠적한 업체, 공사가 지연되는 업체 등 지도자를 힘들게 한다. 잘못하면 업체에 따라 수백만 원에서 수천만 원의 빚을 질 수도 있으므로 사전 조사가 철저해야 한다.
- 인테리어 예산은 본인이 가지고 있는 전체 금액을 얘기해서는 안 된다. 추가로 발생하는 금액과 기타 재료비, 물품비 등 여러 가지 비용이 아직 많이 남았고 인테리어 도중 문제가 발생하여 예상하지 못한 초과 지출이 생기면 큰 어려움을 안겨 준다.
- 지나치게 저렴한 비용을 말하는 업체는 의심하거나 리스트에서 제외하는 것이 좋다. 실제로 최초 금액이 매우 낮아 진행한 업체에서 의사소통의 부재였다는 이유로 인테리어 도중 금액이 두 배로 뛴 경험이 있다.
- 3D 디자인은 정말 좋다. 적극 추천한다.
- 인테리어를 저렴하게만 할 수는 없다. 반드시 하자 또는 추가 보수를 해야 하는 상황이 온다. "싼 게 비지떡"이란 말은 괜히 생긴

게 아니다.
- 평당 단가는 인테리어를 어떻게 하는지에 따라 천차만별이다. 지난 자료를 바탕으로 70~120만 원 정도가 보통이고 150만 원도 요즘은 많아졌다. 주의할 것은 평 단가는 전반적인 인테리어에 대한 것으로 에어컨, 정수기, 기타 시공비 등은 포함되어 있지 않다.
- 계약을 할 때 제외되는 항목은 무엇인지, 포함되는 항목은 무엇인지를 반드시 확인해 봐야 한다.
- 사무실, 휴게실 등 가장 저렴한 바닥 추천은 데코타일
- 가장 먼저 할 것들은 정수기, 인터넷, CCTV, 스피커, 빔 프로젝터, 스크린, 콘센트 위치 선정 등이다.
- 간판은 옥외 광고 규정이 있으므로 반드시 관할 지역 내 담당자에게 문의한다.
- 수련생들의 이동 동선을 파악해야 효율성을 높일 수 있다.
- 전문적인 공간을 운영할 예정이라면 체조바, 난간, 구름사다리 등을 설치하고 계약 시 예산에 포함되어야 한다.
- 물품과 교구를 무작정 많이 구비하는 것은 낭비가 될 수 있다. 사용하지 않고 활용하지 못하면 비효율적이다.
- 스피커와 앰프는 필수적인 느낌이 강하지만 요즘은 이동식 스피커를 사용하는 곳도 증가하고 있다.
- 줄 맞추기는 바닥 스티커와 공간 구분으로 활용하고, 없을 경우의 장점은 인원수 제한 없는 줄 맞추기가 가능하다.
- 벽을 활용한 게시대 및 걸이, 선반은 활용
- 복도 신발장, 대기실, 게시대 등을 활용한다. 복도의 경우 공용

공간으로 철거될 수 있으므로 참고!

- 창고를 활용한다(사용에 있어 사전 동의를 구한다).
- 벽을 활용한 물품 걸이 스페이스월
- 탈의실, 내부 창고 등 도장 내부 상단부 수납함을 활용

2. 인테리어 설계 시

지도자가 원하는 그림을 손 그림이라도 그려서 미팅하면 설계도를 작성할 때 도움이 된다.

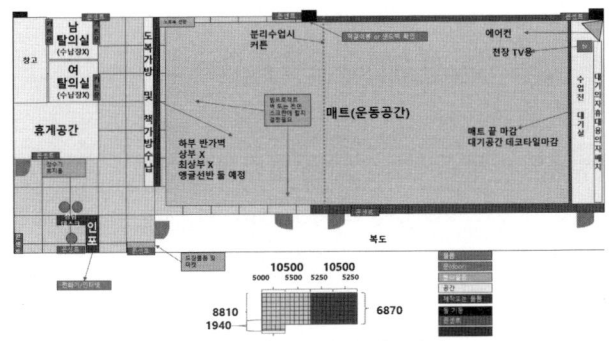

▲ 손 그림/초안 작업물(예시 1)

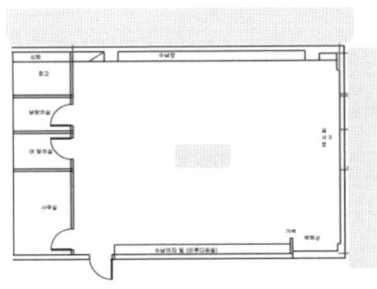

▲ 손 그림/초안 작업물(예시 2)

3. 태권도장 시설

태권도장의 인테리어는 콘셉트가 중요하다. 신념과 철학 그리고 교육에 따라 콘셉트를 맞춘다면 일관성 있는 느낌을 줄 수 있다.

- 태권도장 매트는 쿠션 매트가 일반적이며, 콘셉트에 따라 조립식 매트를 사용한다.
- 벽을 활용한 용품 걸이(스페이스월)
- 태권도장 입구에는 바로 도장 매트로 연결되거나 공간 구분 후 도장으로 들어가도록 분리 개념을 하기도 한다.
- 게시판, 벽 보호 쿠션, 사운드 시설(꼭 천장에 설치할 필요는 없다)
- 공간 활용 수납 의자 및 수납장
- 정수기, 컵
- 태극기(정규 사이즈 필수)
- 빔 프로젝터, 스크린(천장을 활용할 수 있으나 꼭 달지 않아도 된다. 사전에 위치와 거리를 꼭 확인하고 요즘은 이동식으로도 활용하는 곳이 있다)
- 신발장은 내부, 외부에 따라 개인 또는 공용 신발장으로 구분한다.
- 탈의실(필수), 창고/대기실은 선택 사항
- 휴지통, 휴지걸이
- 샌드백 걸이, 발차기 체조바(벽 고정식, 이동식)

4. 태권도장 필수 시설 및 용품

- 도복, 띠
- 굿즈: 티셔츠, 양말, 우산, 보틀, 컵, 가방, 단복 등

- 용품: 미트, 암미트, 큰 미트, 보호대, 겨루기 용품, 헤드기어, 줄넘기, 샌드백, 칼라콘, 격파대, 격파 용품, 근력 운동 용품(케틀 벨, 아령, 로프 등), 심사 책상, 심사보, 상담용 실내화 등
- 탈의실 또는 별도 도복 보관함

5. 태권도장 선택 시설 및 용품

- 유아 체육 용품, 팀 구분 조끼, 요가 매트, 보수, 트램펄린, 뜀틀, 격파 용품, 미니 허들, 샌드백, 미니 축구 골대, 아이짐 용품, 에어 바운스(물가 상승에 따라 지속적으로 인상 중), 에어 매트(줄넘기, 체조 등 각종 활용), 줄넘기 걸이, 철봉/구름사다리, 농구대, 탱탱볼, 훌라후프, 옆 차기 등 근력 키우기 위한 근력밴드, 줄넘기 보조 도구, 호핑볼, 옆 차기 교정 체조바, 칼라콘, 색깔 패드, 사각 매트(두께 종류 있음)

• 기타 공간

1. 사무실(상담실)

- 사무실과 상담실이 대부분 함께 만들어지지만, 사무실과 상담실은 구분을 해도 좋다.
- 청결은 기본, 상담 공간에 물건을 적재하지 않도록 하고 상담 시 정보지(교육비, 프로그램, 시간, 혜택, 정보 등) 준비물은 전달용으로 미리 구비한다.
- 식물로 공기 청정과 안정감을 선물하고 편안한 분위기를 연출한다.

- 일일 업무표를 점검할 때는 매일 무엇을 해야 하는지 리스트화가 된 체크리스트로 게시 후 관리하면 효율적이다(단 매일 습관화될 수 있도록 한다).
- 사무실 수납장은 개방형이 아닌 폐쇄형으로 하면 깔끔하지만 예산을 고려하여 진행한다.
- 태권도 영상 및 활동 영상을 실시간으로 볼 수 있는 녹화본은 상담 대기 및 상담 시 지루하지 않게 편안한 분위기를 연출할 수 있다.
- 태권도 수업에 필요한 물품은 상담 시 안내하는 것도 효과적이며, 물품 전시 및 물품 거치대를 제작하는 것도 좋다.
- **상담 팸플릿은 유치부/초등부/일반부 등을 구분**하여 준비한다면 더욱 세심한 상담에 도움이 된다.

"체크리스트처럼 기본 사항을 참고하면 도움이 된다."

벽 수납공간, 책상, 의자, 노트북, 키보드, 마우스, 프린터(레이저도 좋으나 장단점 고려할 것), 제본기, 제본기 링과 커버, 인바디, 체중계, 화분/식물, 간이 선반, 사무실 조명(상장 및 메달 또는 강조 효과를 줄 수 있는 방법도 있다), 카드 단말기, CCTV, 출결 시스템, 고객 관리 카드, 태권도 물품 구매대, 상담 팸플릿, 상담용 다과(어린이를 위한 작은 선물 봉투도 좋다. 첫 방문 효과)

2. 탈의실

- 탈의실은 1평 이상 등 다양하게 시공할 수 있지만, 1~1.5평으로

해도 타임별 인원이 분배되어 100명 정도는 교차하여 진행해도 무난하다. 단, 도복 보관을 따로 하면 좋다.
- 탈의실 수납장의 경우 고정형 수납장과 이동형 수납장 등 공간에 맞춰 진행하고, 탈의실 고정부 수납함일 경우 상단부 고정형 수납함이 효율성이 높다.
- 문 제작 시 손가락 부상을 고려하여 여닫는 공간에 손 끼임 보호대를 필수 설치한다(인터넷 주문 가능).
- 남녀 탈의실은 구분하는 것이 좋다.
- 탈의실 수납장 제작 시 개인 수납장으로 할 것인지, 공용 수납장으로 할 것인지를 고려한다. 현재 이루다 본관의 경우 유품자는 개인 수납장 사용, 유급자는 공용 수납장으로 유품자들에게 개인 공간을 제공하여 혜택을 적용했다.

3. 창고

- 창고의 경우 재고 관리를 할 수 있는 수납장을 배치하고 자주 사용하는 물품과 자주 사용하지 않는 물품으로 구분한다. 창고 수납장은 제작도 가능하지만 도서 수납장으로도 활용도가 높다.
- 가전제품은 인테리어 상황에 따라 배치한다(냉장고, 전자레인지, 에어프라이어, 인덕션(가스레인지보다 안전함) 등).

4. 대기실

- 대기실은 1.5평부터 충분하고 관리자가 보이기 어려운 공간 배치는 잦은 사고에도 관리 가능하도록 보이는 곳과 통유리 대기실,

반가벽 등 확인할 수 있도록 한다.
- TV: 태권도 영상을 시청하게 하거나 특정 영상을 시청함으로써 대기 시간의 지루함을 줄일 수 있지만 콘셉트를 유지할 때는 태권도장에 관련된 영상으로 시청할 수 있도록 한다.
- 사고 발생 주의: 대기실은 관리자가 보기 어려운 공간으로 안전에 취약한 곳이면 안 된다.

5. 스포츠관

실내 잔디 축구장을 작게나마 고민하는 지도자는 관리 측면으로 효율성을 고려해야 하고 트램펄린은 설치 및 비용을 반드시 고려한다. 기타 공간을 제작할 때도 '지도자 배치 여부'를 반드시 고려하여 분리되는 공간에도 안전 여부, 문제 발생에 대하여 대비한다.

6. 기타

수업 진행 시 도움이 되는 무선 마이크는 '감정적인 언어로 전달해야 하는 부분을 완화시켜 주는 장점'이 있고, 단점으로는 격한 활동 시 탈착 가능성이 있어 격한 활동 수업 때는 대안을 준비하여 수업을 지도한다.

• 경영/운영

1. 고용/4대 보험

(1) 4대 보험 & 고용/산재 보험

- 근로복지공단 토탈서비스 → 양식 다운 또는 공인인증서 로그인 후 본인 작성 가능(주민번호 필수) → 사업장 성립(사업장등록과 동일) → 근로자 취득(근로자등록과 동일) → 퇴사 시 상실 신청, 4대 보험은 근로복지공단에서 함께 신청 가능

※ 개인이 하는 것도 가능하나 기회비용과 시간이 소모되므로, 세무서에 맡기는 것을 추천

(2) 일용직 vs 정직원의 차이
- 3개월 미만: 일용직 고용/산재보험 가입
- 3개월 이상: 4대 보험으로 가입
- 주 15시간 이상: 4대 보험 적용
- 한 달 60시간 이상: 근로자로 간주
- 프리랜서와 4대 보험 직원의 기준을 충분히 이해하고 고용해야 한다(프리랜서에게 업무를 주어 고용주와 근로자의 형태로 보일 경우 근로자로 인정될 수 있다).

※ 근로기준법 시간 및 4대 보험 적용 여부 필수 체크!

2. 급여 지급/책정 시 주의 사항

- 급여 지급 기간 중 3개월은 수습 기간으로 통상 임금의 90% 지급 가능
- 모든 사람에게 법정 임금을 준수하고 '주휴 수당'은 반드시 포함하여 책정, 주 15시간 근무 시 주휴 수당 지급(예: 3일간 16시간 근무 시에도 15시간 이상 적용)
- 퇴직금은 반드시 지급하고 지급 기한을 넘기지 않는다.
- 국가재난상태에 따라 휴무일일 경우에도 70% 임금 적용

3. 현금영수증

- 현금영수증 발행을 위해서는 카드 단말기에 의한 발행과 국세청 전화를 통해 가입 및 문의 가능/현금 영수증 지정 사이트를 통해 가입 후 이용 가능(반드시 단말기를 설치할 필요는 없다)
- 당일, 즉시 처리를 원칙으로 하되 3~5일 이내 현금 영수증을 처리할 것

4. 수련계획표 작성하기

- 수련계획표는 한 달 프로그램을 모두가 확인하고 함께 수련하는 중요한 부분이므로 '매달 15일, 20일'쯤 초안 작성을 하고 월말 전 작성을 완료하도록 한다. 이를 통해 밴드, 홈페이지, 문서 발송 활용이 가능하다. 문서 작업 능력이 좋은 지도자는 유치부, 초등부, 중고등부, 일반부, 특별반 등 대상별 수련계획표를 작성하면 지도 시 혼란을 줄일 수 있다.
- 수련계획표 작성 시 연간 대주제를 설정할 수 있다. 예를 들어 1월의 중점은 유연성, 2월은 근력, 3월은 품새 등 월별 작성에 참고하고 응용하여 인성 교육 방식을 적용할 수 있다. 수련계획표는 요일별, 단계별 프로그램이 될 수 있도록 작성하는 것이 좋지만, 월별 테마 형식의 다양한 프로그램을 적용하는 것도 생활 체육과 기초 클래스에는 필요하다. 이때 도장만의 콘셉트와 철학을 반영하면 운영을 하면서도 지도자도 한결 편안한 안정감을 느낄 수 있다.

- 주말 프로그램 계획 시 **'대인원보다는 케어 가능한 인원'**으로 안전한 행사가 될 수 있도록 하고 규모를 보여 주기 위한 무리한 행사가 우선이 아닌 안전하고 장기적으로 건강한 성장을 위한 시간인 점을 잊지 않는다. 대회 및 행사 참가 시 사전 안내문은 2~3회에 걸쳐 알림 형태로 안내한다.

"규모가 필요한 행사는 충분한 계획을 통해 진행한다."

5. 상담의 모든 것!

(1) 상담 준비물

- 입관원서: 입관원서는 자연스럽게 보이는 곳에 비치
- 상담 카드: 노트에 적을 수 있으나, 브랜드성을 위해서는 상담 시 필요한 정보를 간편하게 기입할 수 있는 종이를 프린트하여 준비한다. 입관원서보다 부담을 덜 가지게 된다.
- 입관 영상: 영상을 보면 말하지 않아도 시각적인 효과가 높다.
- 사업장만의 안내북: 도장만의 교육과 체계 등이 수록된 자료로 사실상 가장 중요하다.
- 도복 샘플: 준비된 도복을 그 자리에서 입어 보는 것도 하나의 홍보와 마케팅이 될 수 있다. 등록 후에는 바로 전달하거나 추후 사이즈 측정하고 주문 후 전달
- 출결 문자, 성장 & 체형 관리 인바디: 선택 사항
- 기타: 음료 및 커피, 기념품, 선물 등

(2) 상담 TIP

상담은 자신만의 상담 루틴을 만들어야 하고 개인의 스킬 향상에도 도움이 된다.

- 상담 시 부담스럽지 않게 이어 가는 첫마디!

첫 인상의 효과는 무엇보다 중요하듯, 첫 상담이 가진 힘은 정말 강력하다. 그러나 등록을 강요하는 듯한 흐름은 여느 상담과 크게 다를 바 없게 보일 수 있다. 많은 설명으로 어필하기보다는 질문을 많이 할 수 있는 멘트가 중요하다. 만약 첫마디가 고민인 분들은 지도자가 먼저 설명을 하려 하지 말고 **"궁금해하시는 것을 먼저 질문 주시면 답변 드리고 기본적으로 안내되는 것들도 함께 안내해 드리겠습니다"**라고 한다면 질문자의 중요한 것들에 대한 빠른 답변과 질문을 통해 추가 설명하는 방식으로 깔끔한 상담에 도움이 될 수 있다. 소비자가 궁금한 것을 먼저 답변하고 부연 설명 정도만으로도 신뢰감을 줄 수 있다.

- 수련 중 상담

수련 중 상담을 오셨다면 들어오셔서 자연스럽게 교육하는 모습을 보실 수 있도록 하는 것도 있는데, 사실 보여 주는 것이 최고의 홍보이고 마케팅이지만 모든 수업을 그렇게 진행하기란 쉬운 일이 아니다. 간단한 설명과 함께 자료를 전달하고 수업을 이어 간다. 만약 상담 실장님 또는 대체 인력이 있을 경우는 상담을 진행하면 된다.

(3) 공개 수업

공개 수업은 도장마다 진행하는 횟수와 시간이 다르기 때문에 다음 정보는 기본적인 틀로 참고하면 좋다. 보통 연 1~2회를 진행하는데 공개 수업은 달이 중요하다. 현재는 많은 도장들이 '국기원 심사 대상자들'로 공개 수업을 진행한다.

- 공개 수업 프로그램 구성(예시)

프로그램	내 용	분위기
수업 & 소개	응원과 박수, 최선을 응원하고 격려	활기찬
지도진 소개	약력, 경력, 향후 활동	편안한
수련생 소개	수련 기간, 품, 나이 등	유쾌한
준비 운동	기본 준비 운동	활기찬
유연성	일자 만들기	
기초 체력	푸시업, 복근	
태극 1장	연령에 따라 진행한다	
띠 묶기	가장 빠른 수련생을 찾는다	
중간 이벤트	다양한 이벤트	
부모님 이벤트	부모님 격파/촛불 끄기/자녀 주먹 찾기 등	
지도자 시범	지도진 시범	
다 함께 구호	다 함께 구호를 외치고 부모님께 큰절	
퇴장	지도진과 하이파이브로 힘차게 마무리	

• 관리 (Managment)

1. 지도자(사범) 채용

지도자/사범의 채용은 그 무엇보다 중요한 부분이다. 사범의 채용은 일반적으로 SNS, 지역 신문, 알바천국 등을 활용하나 지역의 특수성을 고려하여야 한다. 도장을 시작하는 지도자는 지역의 특성상 사범의 수요가 적합한지를 파악하고 도장의 지도자 수급 문제를 미리 대비한다. 일반적으로 지역 대학 및 타 지역 대학의 방문 및 친분을 쌓아 도움을 얻는 것이 큰 도움이 되고 제자들이 사범으로 양성되는 장기적인 방법도 있다.

(1) 지도자 교육

지도자 교육은 월간, 주간 등 정기 교육을 진행하고(간혹 업무 시간 이외에 업무라고 하는 경우가 있다) 일간, 주간, 월간 마감 보고를 하여 관리가 습관화될 수 있도록 하는 것이 장기적인 운영에도 수련생 관리에도 도움이 된다.

일일 업무의 흐름을 잡는 것이 어려운 지도자에게는 체크리스트를 비치하여 업무 전달을 하고 보고를 받아 불편함을 줄일 수 있다.

(2) 지도자 급여

최저 시급은 반드시 준수, 수습 기간 3개월간 통상 임금의 90%로 지급 가능, 주 15시간 이상 근무 시 주휴 수당을 지급하는 점 등 임금 체계는 명확하게 계약 사항을 준수해야 하고 급여 명세표를 핸드폰이 아닌 실물로 지급하는 것이 의무이다.

　지도자의 경우 타 지역에서 올 경우 집, 차, 식사 등 여부를 재무 여건에 맞게 챙겨야 한다. 투자라 생각하고 무리하게 진행하는 것이 추후 어려움으로 다가올 수 있다.

(3) 지도자(사범)가 잘될 수 있도록

　도장의 얼굴과 가장 중요한 것 중 한 가지는 지도자다. 지도자가 성장해야 운영자도 함께 성장한다. 지도자는 계약서상에 적합한 대우를 받으며 근무를 하고 있다면 지나친 대우를 바라기 이전에 지도자 스스로의 자질에 대한 부분을 늘 점검하고 개선시켜야 한다. 좋은 지도자의 결을 가지고 훌륭한 지도자의 격을 갖춘 지도자를 대체할 수는 없다. 대체 불가능한 지도자가 되는 것이 지도자의 개인 브랜딩이기도 하다.

"대표 지도자는 성장하는 지도자에게 비전을 제시하고 지도자(사범)가 꿈을 꿀 수 있는 대표가 되어야 한다."

　출혈식 성장을 강요하는 문화에서 존중은 할 수 있어도 존경은 받기 어렵다. 결국 장기적인 성장 문화가 함께하기란 더욱 어렵다.

2. 차량 기사/학원 보조 교사/실장

　차량 기사님은 일반적으로 교차로, 벼룩시장 등 지역 신문으로 채용 공고를 하는데 요즘은 당근 등 지역 플랫폼을 이용하여 채용하는 경우도 있다. 채용 시 중요한 것들이 많지만 몇 가지만 정리하자면 다음과 같다. 먼저 면접 시 성향, 운전 경력 등을 확인하고 투잡을 하는 경우 피로 누적으로 인해 유의한다. 아이들 대상으로 감정적으로 하지 않도록 동승하여 확인하는 것을 추천하고 면접 시 안전 교육, 성범죄/아동 학대 서류를 함께 지참하여 방문할 수 있도록 한다면 좋다.

지입을 희망하는 경우 기사님 급여보다 상세하게 책정하여 지급하여야 하고 이때 유류비, 보험료, 관리비, 유지비 등을 부담하게 되므로 감안하여 책정한다.

모든 기사님의 교육은 동일하고 일관되어야 하는데 안전 매뉴얼 책자를 매일 확인 후 근무를 시작할 수 있도록 하고 국가 교육 등은 매년 12월쯤 재이수받을 수 있도록 시스템화한다. 운전은 안전이 최우선이므로 매뉴얼 강화가 기본이다. 안전보다 우선을 가져갈 것은 없다.

3. 태권도장 및 시설
(태권도장, 사무실, 남녀 탈의실, 화장실, 대기실, 외부 등)

지도자의 도장은 관리할 것과 해야 하는 것들이 정말 많다. 이 모든 것을 그때마다 생각하기란 쉬운 일이 아니다. 체크리스트를 작성하여 일부분 반자동 시스템으로 관리가 될 수 있도록 하는 것이 관리 차원에서도 우수하고 장기적으로 인테리어 및 시설 유지 비용에도 절감 효과를 본다. 많은 지도자 분들이 시설 내 파손된 부분들이 있음에도 그저 가만히 두고 있는데 보수 작업은 대부분 셀프로 가능한 것들이 많다.

도장은 큰 인테리어를 마친 상태로 큰 경우를 제외하고는 시간에 따르는 시설 보수가 자주 발생한다. 그럼에도 다행스러운 것은 기본 보수 작업은 대부분 인터넷 및 도움을 통해 셀프로 가능하다. 예를 들어 도장의 바닥 매트도 왁스 칠로 수명과 질을 높일 수 있다.

4. 차량 관리(자동차보험, 자동차세, 정기 점검 등)

어린이보호차를 중고로 구입 시 24년도부터는 경유차가 등록이 안 된다. 통학 버스 신고가 되는 차량인지 확인해야 하고 외형만 어린이보호차이고 아직 서류상 등록이 안 된 경우가 있으므로 반드시 확인해야 추후 발생할 수 있는 문제를 예방할 수 있다. 만약 잘 모르겠다면 특약에 문제 발생 소지에 대한 책임을 명시하는 것이 좋다. 다음은 어린이보호차 관련 중요한 사항들이므로 꼭 참고한다.

자동차 구입은 보통 신차, 중고차, 리스, 캐피탈+리스 등이 있는데 '리스 구입 시 캐피탈과 함께 월 단위 납부가 되는 것은 의심'해야 한다. 차량을 이제 구입했다면 유상/무상에 따라 참고해야 하는 부분도 달라지는데 유상운송 등록 시 출고 후 11년까지 유상운송 가능하나, 무상운송 시 11년 이상 차량도 운행이 가능하다. 이 부분도 단속 대상이니 참고해야 하며 어린이보호차는 정지판, 안전 발판, 자동문, 앞뒤 경광등, 노란색 차량, 하차 벨 등을 필수 설치하고 확인 후 구입하면 추가 지출할 수 있는 비용을 예방할 수 있다. 자동차 보험의 경우 보통 30살 기준으로 비용이 UP/DOWN 되고 운영자에 맞춰 가입하는 것이 아닌 운전자의 나이를 고려해 최저 연령을 정하여 가입해야 한다.

※ 사고 발생 시 보험 적용이 되지 않는다.

자동차세는 매년 지출되는 재무 관리에 고정 비용으로 분류하여 12개월 단위로 나누기하여 기록한다.

그럼 어린이보호차의 경우 정기 점검의 종류는 보통 어떤 것들이 있을까? 동계, 하계 시즌에 맞춰 정기 점검과 디젤 기준 연료 필터, 브레이크 오일, 오토밋션, 엔진 오일 등이 있다.

Remark

재무 관리에 자동차 유지비는 보험+세금+유지 비용을 월 단위로 나누어 저축 후 사용한다. 잘 관리된 비용은 저축으로 추후 목돈이 된다.

5. 수련생(유치부, 초등부, 중고등부, 일반부, 학부모)

수련생 관리에 대한 정답은 사실 없는 것 같다. 정답을 찾으려 이리저리 헤매고 본질을 잊은 운영에 지도자도 힘들고 운영자도 힘들고 수련생도 가치를 느끼는 순간을 모른다. 정공법을 잘 지키고 정성으로 대하는 마음이 지속된다면 그 속에서 좋은 영향과 인사이트가 많이 나오게 된다.

다음은 일반적으로 관리하는 것들이다. 잘 참고하여 좋은 인사이트가 되었으면 한다.

- 생일 및 기념일 챙기기, 월말 포인트, 미역, 장미꽃, 편지 등

※ 수련생 생일에는 수련생 축하도 좋지만 부모에게 감사함을 가지고 기획해 보는 것도 의미 있다.

- 상점 및 벌점: 상점과 벌점을 함께 사용하는 곳이 많지만, 이루다는 벌점을 사용하지는 않는다. 지도를 위한 의미일 텐데 자칫 부정적 이미지를 전달할 수 있다고 생각한다.
- 부모님과 함께하는 소통 미션: 밴드를 통해 진행하거나 미션 카드를 제작하는 등 기획한다.
- 우수 출석자, 분기별 우수, 모범 수련생 보상 체계
- 주변 상가와 제휴: 포인트의 사용처를 확장한다.
- 첫 수업 시 도복 입고 수업하는 사진은 바쁘더라도 부모님께 전달한다.
- 본 수업을 들어가기 전 보조 수업 진행 후 부담과 어려움을 줄여 내적 동기 부여가 생기도록 한다.
- 입관 후 적응 수업을 가지면서 알아 가는 시간을 가진다.
- 결석자 관리: 출석부 확인 후 해당 타임에 전화로 즉시 확인할 수 있도록 하되, 도장 시스템에 따라 문자 또는 회차에 따른 연락으로 한다.

※ 병가로 결석일 경우 저녁에 반드시 전화

- 흥미 저하 수련생은 상담을 통해 문제점을 파악하고 새로운 동기 부여를 찾고 강요보다는 공감하고 이해될 수 있도록 대화를 한 후 목적을 제시하거나 함께 찾아 본다.

※ 집착을 할 필요는 없다. 오해할 수 있다.

- 흥미 향상 수련생은 개인의 목표를 설정하여 노력할 수 있는 시간을 충분히 주며, 소속감을 느낄 수 있도록 한다. 하나의 기술을 차근차근 배운다는 재미를 선물한다면 BEST!

(1) 유치부
- 외적 동기 부여가 많이 필요한 시기
- 내적 동기 부여가 불가한 경우로 활동을 즐거움과 접목하여야 하며, 과거에 비해 활동 자체가 많아졌다는 것을 인지하고 운동=땀이라는 개념으로 다가가서는 안 된다.
- 유치원 및 어린이집을 마치고 오는 시간대 수련생들은 가장 먼저 피곤해한다. 태권도장은 질서를 강조하는 부분이 많다. 당근과 채찍이 적절하게 조화를 이루어야 하며, 본인이 생각하는 기준에서 한 단계 더 낮춰 아이들의 눈높이로 대해야 한다.
- 유치부의 경우 못 따라온다고 다그치거나 혼을 내기보다는 본인의 교육의 깊이와 공감대 형성이 잘되고 있는지 파악한다.
- 유치부에게 주입식 혹은 강요, 강조가 들어가 있지는 않은지 주의한다.
- 유치부의 경우 적응을 못하는 아이가 있지만, 초등학교 입학 후 엄청난 변화로 더욱 잘하는 아이가 많다는 것을 기억해 두자.
- 5세, 6세는 함께 지도하며, 7세의 경우 태권도의 비중을 조금은 높여도 좋다.
- 하루 한 시간이지만 동심으로 돌아가야 하는 순간이다. 이것을 잊지 말자!
- 유치부의 '개월별 행동 특징'을 학부모에게 알릴 필요가 있다. 예를 들면 놀이터도 가기 싫을 때가 있다. 태권도장의 흥미는 대략적으로 3개월을 넘기지 못한다. 사전에 예방하는 것과 나중에 처방하는 것은 다르다.

- 음악과 율동이 있는 프로그램이 흥미를 유발하고 즐겁게 다가가는 데 도움이 된다.

(2) 초등부
- 외적 동기 부여가 많이 필요한 시기
- 초등학교를 갓 입학한 학생의 경우 아직 초등학교 학생으로서의 신분보다 유치부의 성향이 강하다.
- 초등학교를 갓 입학하면 체력적으로 부담이 된다. 속도를 따라갈 필요가 있다.
- 음악과 함께하는 프로그램이 인기가 많고 즐거움이 있다.
- 화려함을 강조한 것을 좋아하기 시작한다.
- 인정을 받기 위해 경쟁에 눈을 뜬다.
- 소속감을 가질 수 있어야 한다.
- 공부와 운동은 별개라는 것을 인지시킨다.

(3) 중고등부
- 중고등부는 적절한 목표를 정하여 동기 부여를 한다.
- 중고등부는 적절한 보상이 이루어져야 한다.
- 중고등부는 운동과 단합 등을 강조하며 함께 만들어 가는 팀워크 개념을 도입한다.
- 중고등부는 대회 등 행사 참가를 통해 주말 활동을 늘린다.
- 중고등부 중 청소년 시기에 불가피하게 나타나는 생리적 현상을 심각하게 반응하기보다는 자연스러운 부분으로 받아들인다(생리,

사춘기 등).

- 소속감을 중요시한다.

(4) 일반부

- 운동에 중점을 둔다.
- 개인의 목표를 설정한다.
- 대회 및 행사에 참가하기 위해 준비한다.
- 건강 활동이라는 점을 강조한다.
- 자신에 대한 예의라는 점을 강조한다.
- 하루 중 한 시간 동안 우리가 함께하며 유일하게 땀 흘리고 활력을 얻을 수 있는 문화생활이라는 점을 강조한다.
- 너무 거리감이 있어서는 안 된다.
- 위로와 인정을 받아야 하는 점을 인지한다.
- 과도한 부담을 주어서는 안 된다.

※ 성인 타깃 공략 시

대한민국에서 태권도 생활 체육으로 성인들을 유입시키지 못한다면 미래는 어둡다고 한다. 성인들에게 놀이 체육, 학교 체육으로는 이성과 감성을 자극할 수 없으며 가치 전달이 될 수 없다. 돈을 쓰는 만큼의 운동 효과를 느껴야 하는데 그것은 어린이들과 공존할 수 없다. 또한 성인들의 경우 운동 효과뿐만이 아닌 심리적 만족감, 문화 마케팅 등을 전달할 수 있어야 한다.

6. 기타 관리

(1) 이벤트

- 농업인의 날(예: 농산물 전달하고 요리 인증 샷)
- 어버이날(예: 저녁 만들어 드리고 인증 샷)

- 주변 소개
- 여자 전문 태권도반
- 주변 소개 시 다양한 혜택 제공
- 구전 효과를 발생시킬 수 있는 잦은 이벤트 실행

(2) SNS 밴드 활성화
- 밴드를 통한 소통이 중요
- 안내문 발행/각종 행사 및 정보 공유
- 아이들 교육 정보/활동 확인 가능
- 다양한 이벤트 개최 가능

(3) 등록 후 관리
- 등록 후 첫날 수업은 메시지를 통해 사진을 전송하여 참여했던 모습을 볼 수 있도록 한다.
- 참관 수업을 하는 것은 지도자별 상이하다.
- 작아도 정성에 감동한다. 현재도 감성을 통한 인성 교육은 중요하게 생각하고 일선 현장에서도 많은 지도자들이 적용하고 있다. 꼭 큰 것만이 아닌 스토리가 담긴 감동스러운 부분들이 진심으로 전달되는 선순환이 되었으면 한다. 인간은 감동스러운 영상을 보면서 감동받고 깨닫기도 한다. 다만, 감성을 통한 것이 꼭 눈물샘만을 자극하려는 것은 추천하지 않는다.

(4) 동기 부여

- 정해진 목표는 혼란스럽지 않은 교육이 가능하고 목표 지향적 사고를 가질 수 있도록 한다. 수련생에게 다음 단계에 대한 동기 부여와 체계적인 교육이 가능하고 목표를 이루는 과정의 시간에 몸담고 있으면서 도장에 대한 애정도 깊어진다.
- 군대에서 보이는 계급장 효과

  1~4품까지의 도복과 띠 등 다양한 표시적 변화를 주는 것도 필요하다. 군대에서 계급장과 활동에 따른 증표 같은 것들이 괜히 있는 것이 아니다. 예를 들어 가슴 패치, 마크, 양어깨 견장, 도복 등 변화와 차별성을 가진다면 자부심과 기대 효과가 있을 수 있고 이로 인해 위계질서 등이 자연스럽게 스며든다.
- 이 외 다양한 동기 부여할 수 있는 아이디어

  명예의 전당 게시판을 통해 우수자 및 특정 수련생의 사진과 상장 등을 게시하는 등 '이미 이뤄진 것들에 대한 일들'로 자신감을 향상시키는 수단이 있고 게시판에 수련생들이 참여할 수 있는 중장기 목표나 이벤트를 통해 퇴관율을 줄일 수 있다. 이런 이벤트를 활용하는 곳을 보니 공개 심사, 대회, 시범 등을 D-day 등으로 활용하기도 한다.

리더십 교육 등 가장 기초적인 것들은 출석 부르기, 준비 운동 하기 등이 있고 사회화를 돕는 1 대 1 멘토 지정도 있다. 새로 온 수련생을 반갑게 맞이하고, 같이 식사도 하며 격려하고 서먹서먹하지 않게 도와준다.

스탬프를 활용하는 곳도 많은데 쿠폰 형식인 이 방식은 처음에는 좋아도 시간이 지날수록 쉬운 일이 아니며, 노동과 시간 대비 효율적인 방안을 찾아야 한다. 일반적으로 출결 도장으로 스탬프를 찍으면 한 달 20~40회 등 회수에 따라 상품을 지급한다.

영상을 통한 교육은 앞으로 적응해야 하고 적용도 해야 하는 교육 중 한 가지라고 생각한다. 현재 AI 기반 교육 프로그램도 개발하고 출시되고 있다. 현재 다양한 종목과 시장에서 영상을 통한 교육이 많아졌는데 줄넘기 학원의 경우 영상에서 나오는 지도자의 모습을 보고 종류별로 한 번에 교육이 가능하기도 하다.

※ 수준별 교육은 매우 중요하다고 생각하는데, 평가 또는 장기 수련생에게 수준별 프로그램을 제공하는 것은 너무나 필요하다. 수준별 교육을 위해서는 수련생 교육 시간대 변경이 필요하다.

(5) 전환장벽

전환장벽은 말 그대로 장벽이다. 울타리 안에 있든 밖에 있든 쉽게 넘어가지 못하는 장벽이다. 각종 논문에서도 사용되는 단어이고 주제이기도 하다.

사람은 가치를 느끼지 못하면 더 이상 함께하고 싶은 생각을 하지 않는다. 개인의 목표나 동기가 있다면 이제는 전환장벽이 될 수 있는 장치가 시스템화되어 있는지 체크하고 관리해야 한다. 그리고 이 **전환장벽에는 시간, 금전, 감정, 거리, 지도자, 소속감, 친구, 부모 등 모든 것이 포함된다**. 따라서 퇴관의 분위기가 나타날 때는 상담을 통해 관리하고 평소에도 전환장벽이 될 수 있는 요소를 연구한다.

• 마케팅/홍보/PR/광고의 영역들

우리의 제품이 있다면 그 제품을 들고 밖으로 나가 진열하고 참여도 할 수 있게 환경을 만들며 이벤트에 따라 소정의 선물을 전달하고, 조금 더 관심을 가지고 있는 사람에게는 한정적 혜택을 제공하여 2차 상담 등을 신청받았다.

밖에 나가 보니 뭔가 진열되어 있다.
조금 알아보니 잠깐 참여할 수 있는 이벤트가 있어 아이랑 나온 김에 참여하여 선물을 받았다. 마침 그걸 알아보는 중이어서 문의를 해야겠다고 생각했다.

밖에 나가 보니 뭔가 진열되어 있다.
조금 알아보니 잠깐 참여할 수 있는 이벤트가 있어 아이랑 나온 김에 참여하여 선물을 받았다. 기쁘지만 같은 업종의 교육을 받고 있어서 즐겁게 구경하고 갔다.

위 3가지의 관점은 운영자와 잠재 고객 그리고 비잠재 고객의 시선이다. 이런 활동을 통해 등록을 원하는 것이 목적이라면 누군가는 실패라고 볼 수도 있지만, 장기적으로 바라볼 때 사람들은 이런 건강한 문화 활동을 하는 곳에 누군가를 소개하고 싶고 함께하고 싶어 한다. 어떤 이벤트도 그날의 기쁨과 감동이 있지만 장기적인 방향을 봐야 하며 지도자의 결과에 맞는 이벤트인지도 중요하다. 우리는 일단 좋아하는 것이 어렵고, 좋아하게 되면 팬이 될 수 있는 가능성이 생긴다. 좋아하지도 않는데 팬이 될 수 없다.

우리가 흔히 알고 있는 마케팅, 홍보, PR 등을 구분해 보았다. 목적에 따라 지도자에게 유용한 도움이 되었으면 한다.

먼저 체험 클래스(Experience Class)는 비교적 효과가 좋은 마케팅이자 세일즈 방법이다. 수련생 등록 과정 중 하나가 될 수 있고 홈 쇼핑, 사용 후 반품 등 이와 유사한 방법으로 적용된다. 이런 마케팅은 지역에서 어려움이 있을 수 있지만, 사업의 목적 중 한 가지는 지속 가능한 사업을 영위하는 것이다. 지도자이면서도 사업자이고 사업자이면서도 지도자이다. 이 외에 아침 길 건너기, 소개 시 혜택, 저녁 방범 활동, 시기별/시즌별 학부모들이 관심 가지거나 원하는 것을 캐치, 가정통지서 활용, 수시 학부모와 대화, 공개 수업을 통해 쇼, '맘 카페' 등이 있다.

PR은 마케팅과 비슷하지만 다른 목적으로 존재를 알리는 것을 목표로 한다. PR은 고객과 기업이 양방향 커뮤니케이션이 된다는 특징이 있는데, 기업이 알리는 부분에 대해 고객이 반응하고 긍정적으로 받아들인다. 예를 들어 시즌별, 특별, 한정 행사를 알리면 소비자가 그것을 찾아 기업에 이윤으로 돌아가는 것과 같다. 뉴스, 언론 매체를 통해 활용할 수 있다.

홍보는 당장 매출에는 도움이 되지 않더라도 장기적으로 제품과 서비스의 인지도를 높이고 우호적인 이미지를 형성하는 것을 목적으로 한다. 우리가 봉사 활동을 하면 이익은 없어도 도장을 알릴 수 있고, 이미지와 인식을 쌓을 수 있다. SNS 홍보, 블로그 홍보, 맘 카페 홍보, 교회, 학교, 운동회, 모임이 발생하는 곳에 기부, 지원, 후원으로 홍보할 수 있다.

광고(Advertising)는 금전적 이득을 발생시키기 위해 광고주가 매체 비용을 지불하고 상품이나 서비스를 노출시키는 행위를 의미한다. 전단지, 플래카드, 지속적인 노출 등이 광고 활동이라 할 수 있다.

• 재무 관리

교육비 수입과 지출에 대한 상세한 관리로, 장기 운영을 위한 필수 자료이며 재무 관리를 잘하는 것만으로도 향후 지도자가 더 이상 할 수 없을 때 자본을 축적했는지, 못 했는지가 판가름 난다고 해도 과언이 아니다.
큰 틀로는 수입과 지출이며, 고정 비용, 변동 비용, 기타 비용으로 구성한다.

1. 고정 비용(예시)

월세, 사범님/기사님/보조 선생님 급여, 자동차(대출 & 리스), 유류비, 각종 세금, 자동차 및 학원 보험, 전기세, 관리비, 인터넷 및 전화기, 카드 단말기, 정수기 및 공기 청정기, 띠 및 도복 주문 등 고정 물

품비, 홍보비, 수선 충당금(시설), 자동차 유지비(저축성) 등

TIP: 고정비에 연간 변동비 평균을 12개월로 계산하여 추가로 고정비에 포함할 경우 좋은 흐름을 만들 수 있다.

2. 변동 비용

추가 인센티브, 경조사비, 휴가 비용, 정기 간식 및 상담용 음료, 용품 구입, 포인트 마켓 물품, 대회 및 행사 진행 시 지원금

3. 교육 및 교육비(예시)

분기/연간 결제 방식: 1년 교육비를 결제, 할인 혜택 적용

지도자 과정 & 엘리트 주 3회: 20만 원

Body Change Class 주 3회: 18만 원

횟수별 금액 구성 Premium TKD: 18만 원/16만 원/14만 원

부모님 태권도: 50% 적용

차량 신청비: 유상운송법 동참할 시 청구 가능

※ 차령 11년 제한됨

품새, 겨루기, 시범 특강 비용

4. 물품비 구성

성인 단도복, 품도복, 칼라도복, 겨루기 장비, 단체 티셔츠(동계/하계), 기타 물품

• 2024년도 기준 종합소득세 신고 시 준비 서류

※ 담당 세무사마다 다르므로 참고용으로 정리하였습니다.

1	당해 연도 종합소득세 안내문 확인 소득세 신고 시 필요한 홈택스 아이디, 비밀번호 수입 금액, 국민연금, 연금저축, 소상공인공제 등 기재된 용지
2	주민등록등본 장애인, 암환자 중증환자, 복지 카드 및 장애인증명서
3	임대차계약서 사본 또는 보증금 및 월세 내역
4	기부금 납입증명서 또는 영수증(기독교, 불교 등 종교 단체 기부금도 해당)
5	근로자 퇴직 연금 현황
6	근로 소득 및 기타 소득 있다면 해당 원천 징수 영수증
7	차량등록증 및 보험료 납입증명서
8	차량 할부금 및 이자 상환 내역서
9	지방세 세목별 과세증명서
10	사업장 화재보험료 및 각종 보험료 납입 내역서
11	사업자금대출 부채증명원 및 이자 내역서
12	경조사비
13	상용직, 일용직 급여 내역서
14	인적 공제 문의

.
.
.

기타 등등….

• 승급 심사, 국기원 심사

1. 승급 심사

승급 심사는 형식적인 행사가 아니라 제자들이 스스로 목표를 설정하고 자신이 배운 내용을 스스로 평가하는 순간이며, 지도자에게는 제자의 수련 태도 및 목표 달성을 체크하여 다음 교육 계획을 잡는 중요한 날이다. 다음 단계에 대한 목표를 가지고 한 단계씩 올라가는 성취감을 통해 노력에 대한 값진 의미를 배울 수 있고 올바른 사고방식과 강인한 정신을 길러 사회에 기여할 수 있는 사람이 될 수 있는 바탕이 된다.

자체 심사를 어렵게 설정하는 곳도 있고 하려는 의지에 박수를 보내고 성장에 도움을 주고자 하는 곳도 있다. 다양한 심사의 방향과 목적에 따라 심사도 콘셉트가 달라진다. 단순히 품새의 길을 외우는 것이 아닌, 목적으로 향하고 노력하는 시간이 그 속에 포함되어 있다. 나아가 깊이 있게 배우는 태도를 통해 하나의 스포츠에 대한 존중과 존경 그리고 정서에도 영향을 미치게 된다.

유치부들의 국기원 승품/단 심사도 과거에 그리 많지 않았다. 현대 사회에서는 시작하는 수련생의 연령대가 낮아지면서 유치부들이 증가하고 고학년, 청소년, 어른들은 상대적으로 줄어들었다. 자연스럽게 유치부 수련생의 수련 기간이 증가하면서 유치부들도 기간에 따른 결과물로 국기원 심사에 응시해야 한다. 그러나 초등학생들도 어려워하고 외워야 하는 반복 지도가 유치부들에게 흥미롭지만은 않다는 것이다. 현재 유치부들은 태권도 품새 동작을 익혀야 한다는 부담감을 가지고 있다.

본 도장에서는 유치부들이 국기원 심사에 응시해서 1품을 취득하는 것을 권장하지는 않지만 요청과 목적을 정한 수련생에게는 그에 맞게 수련과 훈련을 한다. 그럼에도 1원칙은 유치부들은 즐겁게 수련하며 자연스럽게 몸에 익히게 하고 발달 운동과 태도의 습관화를 가장 중요하게 생각한다. 그렇게 상담 시에도 반드시 설명을 하고 있는 부분이다. 다만, 주변 친구들의 합격에 혼자 뒤처지는 것은 아닌지 느끼는 것도 있지만 반대로 초중고 운동 시스템은 엄청난 운동과 멘털 교육 등이 동반된다. 단순히 국기원 1품, 2품을 위한 태권도를 배우게 할 것인지, 운동이 자신에게 좋은 기억으로 남아 건강을 중요하게 생각하는 좋은 태도를 가지게 할 것인지 묻는다면 언제나 후자의 생각이다.

(1) 심사 자격 기준
- 수련 일수, 결석 일수, 등록 일자 반영 등

(2) 승급 심사 준비물
- 심사표는 각 도장 심사 기준에 맞춰 진행
- 격파 등 물품이 필요한 경우 사전 준비를 하고 반복된 준비물일 경우 체크리스트표로 확인하고 시스템화한다.

(3) 승급 심사 노하우

- 월 심사 제도를 도입할 수 있다(예: 1월 발차기, 2월 품새, 3월 품새 등).
- 매월 심사도 좋지만 운영 능력에 따라 2~3개월에 1회 심사를 권장한다.
- 국기원 과정을 심사 항목으로 적용할 수 있으며, 단점을 찾는다는 마음보다는 채워 줄 수 있는 것을 찾는 마음을 갖는다.

2. 국기원 심사

(1) 국기원 심사 조건

- 국기원 승품, 단 심사를 위해서는 지도자가 국기원 직무 교육을 받아야 하고 심사 응시가 가능한 수련생은 국기원 자격 요건에 부합해야 하며 '지도자 추천'이 필요하다. 추천을 한다는 것은 책임을 진다는 것도 의미한다.

(2) 국기원 심사 진행 방식 및 준비물

- 심사 응시자의 복장에 규정이 있다. 평상시 도장에서 입는 규정에 어긋난 도복으로 응시하여 곤혹을 치르는 경우가 있으니 '시작한 지 얼마 안 된 도장'에서는 반드시 응시자의 복장을 확인한다.
- 부착물 허용 범위를 확인 후 제작한다.
- 심사 진행 방식은 협회마다 진행 방식에 따라서 진행된다.
- 모든 지역별 국기원 심사 준비물도 협회 공문을 통해 함께 확인할 수 있다.

(3) 국기원 심사 접수

- 현재는 티콘으로 접수가 가능하며 자세한 사용 방법은 반드시 익혀 두길 바란다.
- 온라인(국기원) → 시도협회 → 국기원 → 발급 → 협회 배부 → 도장 → 응심자 수령
- 심사에 필요한 사진은 규격에 맞춰야 하며 한글로 파일을 저장할 경우 업로드 시 오류가 뜰 수 있다.
- 심사 접수 후 "꼭! 제출"하기를 해야 한다
- 심사신청서만 작성 후 심사비를 놓치는 경우가 있으니 심사비를 잊지 말아야 한다.

• 교육

1. 환경과 분위기

　환경은 말을 하지 않아도 누군가에게 느껴지게 하는 마법이 있다. 환경에서 느껴지는 분위기와 온기 등이 그 도장을 완성하기 때문에 환경을 대충 생각해서는 안 된다. 알록달록한 인테리어에 즐거운 음악은 아이들을 위한 환경으로 적합하고, 심플한 운동 시설 느낌은 어른들을 위한 것처럼 장단점이 모두 함께한다. 아이들이 도장에 상담하러 올 때 입장을 어려워하는 모습이 반복된 패턴처럼 보인다면, 계단부터 입구까지 놀이공원에 입장하는 방식처럼 꾸며 보기도 하자. 방사선 기계에 들어가기 무서워하는 아이를 위해 우주여행의 모형과 디자인으로 우주 탐험을 하는 콘셉트로 바꿨던 엄청난 아이디어처럼 말이다.

2. 교육에 대하여

100명이라면 100명이 모두 다른 사람이기에 개인의 차이를 이해하고 존중하는 마음이 필요하다. 우리는 가족 간에도 감정이 상하기도 하고 의견이 하나로 일치하지 않을 때가 있다. 우리의 교육은 강요와 압박을 받으며 수련하는 문화가 아니어야 한다. 어릴 적 잠시 다니게 될지 몰라도 결국 수련생들은 도장에 더 이상 오기 싫어할 것이고 같은 종목의 안 좋은 기억은 물론 가치를 낮게 평가하게 된다. 이처럼 한 명의 지도자는 하나의 스포츠를 알리는 사람이기도 하다.

많은 지도자들이 고민하는 것 중의 하나가 진도이다. 진도를 나가야 하는 학습을 압박할 시 지도자는 물론 수련생도 힘겨움과 부담감이 먼저 느껴질 것이다. 이런 부분은 상담 시 설문지를 준비해서 부모가 자녀의 태권도 교육에서 중요하게 생각하는 요인을 '직접 자기 기입 방식'으로 작성하게 하여 중요하게 생각하는 것을 미리 알 수 있다. 그러나 일정 기간 후에 한 번 더 진행해 보는 것을 추천한다. 처음에는 잘 적응하기를 바랐던 부모님들도 시간이 지나면 자격증을 중요하게 생각하는 경우가 있다. 그리고 그때는 "자격증을 위해서 겪어야 하는 과정과 강도를 충분히 설명"한다. 운동은 사람에게 없어서는 안 될 부분이고 어른이라면 더욱이 중요성을 알고 있다. 그러나 운동이 매일 힘들기만 한다면 그만두고 싶어 하지 않을까 지도자들은 고민을 한다. 그럼에도 극복해서 더욱 강해지기를 바라는 지도자의 마음은 비슷할 것 같다. 그래서 더욱이 도장의 방향과 신념 그리고 철학을 알리는 것이 필요하고 지도진만 알고 있지 말고 수련생에게 전달해도 충분히 이해를 한다.

3. 변화하는 교육과 프로그램?

과거의 태권도는 음악과 함께하는 운동의 느낌이 아닌 수련 무도로서의 색이 있었다. 현재는 시대가 변함에 따라 태권도장도 변화하고 있고, 음악은 품새, 기본 운동, 체력 운동, 시범 등 다양한 상황에서 활용되고 있다. 도복의 경우도 하얀색 도복이 태권도의 상징이었으나 이제는 컬러 도복과 형형색색의 디자인 도복이 일반화되고 있다. 프로그램의 경우도 과거 겨루기의 수업이 강했다면 현재는 품새와 시범 등이 많이 활성화되었고, 격파도 그 뒤를 이어 오고 있다. 이런 흐름은 각종 대회에서도 큰 영향을 미치고 있다. 유행이 돌고 돌듯이 교육과 시대적 흐름도 무한처럼 돌고 돌 것이다. 다만 태권도라는 본질적 교육은 변하지 않은 것처럼 우리 지도자들은 이쯤에서 어떻게 방향을 잡고 나아갈 것인지 고민하는 것이 더 멀리 나아가기 위한 연구가 되지 않을까 생각한다.

4. 지도자가 직접 작성하고 준비하는 근육 키우기

사람은 근육을 키울 때 같은 동작을 반복하여 상처를 내고 회복하는 과정으로 사이즈 즉, 그릇을 크게 만든다. 지도자도 스스로 할 수 있는 것들은 스스로 많이 해 보는 것이 좋다. 프로그램을 작성하고, 수련과 운영에 도움이 될 수 있는 것들의 변화를 위해 노력하는 등 초기에는 양적 성장을 위해서라도 다양한 활동에 적극적으로 참여해 보고 시도해 본 다음에 아니라면 정중히 거절하면 된다. 지도자들이 가장 많이 해 보는 것들 중 한 가지는 프로그램 계획표(수련계획표)다. 지도자는 몸담고 있는 도장만의 띠별 교육 커리큘럼을 제작해 보길 바란다. 직접 만든 교육 커리큘럼을 진행하는 것은 힘이 된다. 실패해도 근육이 되고 피와 살이 된다. 커리큘럼은 제작 시 매월 또는 연간 '개선'이 필요하고 태권도장만의 유단자 및 실전 Class 커리큘럼은 단계별로 구성하는 것이 좋다. 태권도 수련은 유급자, 유품자, 시범단, 겨루기, 품새 등 각 파트별 구분으로 할 때 구체적인 그림이 그려진다.

5. 교육 프로그램 기본 구성(예시)

자신만의 프로그램을 만들고자 하지 않을 때는 일반화적인 방향의 교육만 하기 때문에 누구보다 앞서가나 누구보다 뒤처지게 된다. 그럴 때 아무 활동도 없는 것은 제자리가 아닌 도태가 되고 결국 경쟁 체제에서 뒤로 밀렸다는 기분을 느낄 수 있다. 이럴 때 우리만의 시그니처 교육 과정을 만들어 모든 제자들이 그 과정을 거치게 하면 기본적 체계가 잡히는 데 큰 도움이 된다.

다양한 프로그램이 있지만, 일반적으로 사용하는 프로그램의 종류는 다음 예시를 참고할 수 있다.

6. 수련계획표 메인 정리

▣ 수련계획표 메인 안내 ▣

▣ Class: 기초반(생활체육), 유치부전용, 중급반, 통합반, 상급반, 마스터클럽, 선수반(신규구분), 전문선수반(신규개설)
▣ 통합 프로그램: 태권도, 예절, 인성교육, 체력, 신체(밸런스)발달, 운동능력, 스포츠클럽, 레크레이션 등
▣ 상급/마스터/선수 등 프로그램: 태권도(품새, 겨루기, 시범, 실전태권도, 실전호신술) 운동능력향상, 체력향상, 유연성, 신체(밸런스)발달 등

- Point 01. 예절로 시작해 예절로 끝나며, 자기수련을 통해 삶의 질을 향상한다
- Point 02. 마스터 클럽/상급반은 개인 별 목표설정/점검을 통해 직접 성취 해본다
- Point 03. 건강하게 즐기는 운동을 기본으로 합니다.
- Point 04. 스스로를 넘어서는 노력, 작은 성취가 지속될 수 있도록 꾸준함에 중점을 둔다.

▣ 태권도 기본 및 필수 수련 ▣

품새: 1장~8장 ※ 9단까지의 품새를 모두 배운다 / 4품/단 이상 국제 사범지도자 자격 조건 / 6단부터 고단자
       고려(1품/단), 금강(2품/단), 태백(3품/단), 평원(4품/단), 십진(5단), 지태(6단), 천권(7단), 한수(8단), 일여(9단)
발차기: 미트차기, 호구발차기, 대미트, 2인1조, 3인1조, 연결발차기, 품새발차기, 로테이션 발차기, 경기용 발차기 등
체력훈련: 유연성, 심폐지구력, 순발력, 신체조성, 근력/근지구력, 민첩성, 협응력, 밸런스 등
줄넘기: 기본 필수 운동
겨루기: 원포인트, 서든데스 겨루기, 연습겨루기, 스텝겨루기, 실전겨루기, 겨루기,
호신술: 기본호신술, 실전호신술
기능성운동: 불안정한 기능성 안정화, 몸의 전체적인 조화를 만들고, 잦은 부상을 예방하여 좋은 신체컨디션 유지한다
체육수업/레크레이션: 피구, 대줄넘기, 뜀틀, 체조, 철봉, 체육수업 전반 등

▣ 승급심사 안내

1. 승급심사는 최소 12회 출석 후 심사응시 가능하며, 게시판에 게시된 띠 체계에 따라 승급한다. 띠 체계는 매년 변경 될 수 있다.
2. 승급심사는 사전 발표를 통해 미리 준비할 수 있도록 한다. 사전 발표는 매월 첫 째주에 발표한다.
3. 훈띠도 8장까지 모두 외울 수 있다. 최소 8장까지는 미리 습득한다.
4. 승급심사 보다 더욱 중요한 것은 아주 조금씩 나아지는 것이다.

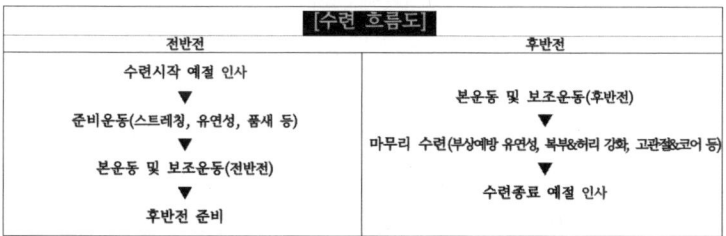

1. 코로나19 이후 온라인 영상 자료를 제작하여, 긴급 가정 수련에 대비하고 있습니다.
2. 정기 승급심사(개별TEST)는 마지막 주 또는 개별 수련회수(최소12회)에 따라 승급 가능
3. 수업은 "태권도 수련"을 기본으로 하며, 수련계획표에 따라 프로그램 진행되며 변경될 수도 있습니다
4. 줄넘기클럽은 "Twin Rope/기본 줄넘기/기술 줄넘기"가 함께 진행 됩니다.
5. 신청자에 한해 성장발달, 불균형발달, 비만 등 체성분 검사 후 관리를 할 수 있습니다.

※ Point

예절로 시작해 예절로 끝나며, 자기 수련을 통해 삶의 질을 향상한다는 것을 교육함으로써 상대적인 것이 먼저가 아닌 자기 자신을 넘어서는 것에 초점을 두어 장기적으로 끝없는 수련을 의미한다. 마스터 클럽/상급반은 개인별 목표 설정/점검을 통해 직접 성취할 수 있도록 환경과 이벤트를 기획한다. 사실, 성인이 되어 어떤 대회나 이벤트로 상장과 메달 등을 받을 일은 많지 않다. 아니 어쩌면 거의 없다. 따라서 건강하게 즐기는 운동을 기본으로 하되 스스로를 넘어서는 노력, 작은 성취가 지속될 수 있도록 꾸준함에 중점을 두고 깊이 있는 교육이 필요한 제자들을 위해서는 다음 단계에 대한 상담으로 다음 과정으로 연결할 수 있다.

(1) 태권도 수련 프로그램

기본 동작, 품새, 겨루기, 격파, 호신술, 무기술, 태권 체조, 음악품새 등

(2) 체육 활동

- 유아 체육: 학교 입학 전 체육 활동 대비 지도, 줄넘기, 훌라후프, 리듬 수업, 교구 수업, 뉴-스포츠, 공 활동 등
- 학교 체육: 줄넘기, 훌라후프, 구르기, 뜀틀, 공 활동, 뉴-스포츠 등

(3) 키 성장 & 발달 프로그램

성장 체조, 성장 스트레칭, 키 크기 활동, 스트레칭, 성장판 자극 활동 등

(4) 사회성 향상 프로그램

급수별 활동, 현장 체험 학습, 사회성 발달 협동 프로그램, 계절 캠프, 단체 활동, 규칙 활동, 심리 케어, 승급 평가, 축제 참가, 행사 활

동, 대회 참가, 국제문화교류 등

(5) 마음 프로그램

개별 맞춤 케어, 성향에 맞춘 속도 수업 반영, 개인별 목표 설정, 인성 교육, 마음 교육, 정신 교육, 한계 극복 프로그램, 대회 참가, 축제 참가, 행사 활동 등

(6) 특별 프로그램

경연 프로그램, 해외 프로그램 반영, 국제문화교류 프로그램, 엘리트 프로그램 체험, 기초/중급/상급 구분 교육, 1~4품 과정+1~5단 과정 등

7. 기타 프로그램 구성

(1) 실전 호신술

실제 상황에서 사용이 가능한 내 몸을 보호하고 방어할 수 있는 최적의 기술로 관절, 급소, 기술 제압을 사용한다.

(2) MIND 프로그램

사회적 어울림은 필수이다. 그러나 성격, 성향으로 인해 어려움을 겪을 수도 있다. 그런 아이들에게 리더십과 자신감, 용기를 줄 수 있는 프로그램이다.

(3) 자존감 & 생각 확장 프로그램

대회에 참가하고 각종 행사에 참여함으로써 풍성한 추억을 간직한다. 메타 인지를 파악할 수 있고 자기 자신을 파악하고 알아 가는 심화 프로그램이다.

(4) 국제문화교류 프로그램

국제문화교류는 각 국가의 사람들과 하나의 문화를 만들어 가는 데 의미가 있고 세상을 보는 눈이 달라진다. 경험을 통한 깨달음과 생각의 전환은 겪어야지만 알 수 있다. 비용적인 부담이 있는 것은 사실이지만 장기적으로도 좋고 많은 사람들이 소중하게 생각하는 잊지 못할 프로그램이다.

(5) 특별 프로그램

실전 태권도, 실전 호신술, 태권 파워 리더십, 교범 양성, 시범단, 멘털 트레이닝, 마인드셋 등

(6) 청소년 리더십 프로그램

청소년 성장기는 올바른 행동에 대한 구분이 명확하지 않아 실수하기 쉬운 나이이다. 올바름을 명확하게 구분하고 자기 절제를 통해 올바른 성장에 큰 도움이 되는 프로그램이다.

(7) 체형 관리/불균형 발달/체형 교정 전문 관리

운동의 본질에 맞춰 진행되며, 체력을 향상시키는 것에 초점을 두

었다. 검증된 건강 관련 체력 요소 5가지(근지구력, 근력, 심폐 지구력, 신체 조성, 유연성)를 기반으로 만들어진 프로그램이다.

• 태권도 기술 명칭과 체계 구분

대주제: 태권도 기술 체계
중주제: 방어, 공격, 보조 기술
소주제: * 다음 참고
방어 기술: 막기, 빼기, 피하기 등
공격 기술: 꺾기, 넘기기, 지르기, 찌르기, 찍기, 치기, 차기 등
보조 기술: 딛기, 밀기, 뛰기, 잡기, 서기, 준비 서기, 특수품 등

이런 기술 체계를 지도자가 공부하여 더욱 세분화되는 기술에 대한 공부와 연구가 보다 나은 지도자의 격을 높일 것이다.

• 품새 구분

품새는 50초~1분 사이에 끝이 나는 운동이다. 그 안에서 힘의 완급을 자유롭게 표현하고 경쟁력 있는 실력을 보이기 위해서는 단계별 훈련 등을 반드시 해야 한다고 한다. 예를 들어 맨몸으로만 1년을 한 사람과 다양한 퍼포먼스와 기능성 운동, 근력 운동을 동반한 B라는 사람과는 결과물이 달라질 것이다.

그러나 도장에서는 누구나 태권도를 배우기 시작한 공간이다. 첫 시작은 태극 1장, 누구나 그러할 것이다. 전문 선수를 제외하고는 흰 띠를 배려한 도장만의 노하우로 습관화하는 것을 먼저 추천한다. 품새도 일정한 규칙이 존재하기에 품새를 배우며 익히는 과정에서 규칙을 준수하고 그 속에서 자유롭게 표현이 가능할 때 뛰어난 자세를 볼 수 있을 것이다. 지나치게 진도를 위한 교육을 피하고 1품 취득 후 퇴관 등을 분석하여 관리/개선할 점을 점검하는 것도 필요하다. 많은 도장에서는 유품자/유단자들이 시스템화되어 있지만 흥미와 동기 부여와 세심함을 간과하지 않는다.

우리는 코칭을 하기 이전에 지속 가능한 도장으로 많은 제자들이 안정감 있게 배울 수 있는 곳을 제공해야 한다. 어떤 분들은 태권도다운 태권도를 한다는 도장이 있다. 너무나 좋은 말이지만 그 의미를 다르게 이해하는 지도자라면 한 번 더 생각하면 좋겠다. 힘들게 운동하고 극복하는 과정을 반복하는 것이 태권도다운 태권도일까? 이루다도 태권도라는 교육을 하지만 태권도를 통한 다양한 활동으로 건강한 성장에 초점이 더욱 크다. 그럼 태권도다운 태권도란 무엇인가? 우리 지도자들이 정리할 수 있어야 하는 질문이지 않을까 생각한다.

1. 유급자 띠와 품새(흰 띠~빨간 띠)

 - 유급자 초급: 1~3장
 - 유급자 중급: 4~6장
 - 유급자 상급: 7~8장

2. 유품/단 품새(1~4품/단)

   - 고려, 금강, 태백

3. 고단자(5~9단)

   - 평원, 십진, 지태, 천권, 한수, 일여

• 스텝 & 모션

  1보 전진/후진, 2보 전진/후진, 뒷발 앞으로 한 번 이동하기, 제자리 뛰기, 제자리 폼 바꾸기, 1보 전진+사이드 스텝, 사이드 스텝, 모션 동작을 활용한 스텝, 4각 스텝 뛰기(사각형을 그려 놓고 4명에서 1조가 되어 스텝을 뛴다. 이때 스텝의 종류는 4가지를 다르게 하여 로테이션 방식으로 돌아가며 스텝을 뛰게 한다)

• 발차기

  모든 운동이 그러하듯 쉬운 운동은 없을 것이다. 발차기 교육은 많은 수련생들이 어려워하는 부분 중 한 가지로 초반에는 정확한 타깃을 목표로 하기보다는 풍선 차기, 벽 고정 풍선 차기, 무릎 올린 상태에서 컵 올리고 버티기 등 활동에 부담을 줄이고, 발차기의 정확한 '단계별 설명'이 반드시 필요하다. 이렇게 발차기를 위한 움직임과 근력을 갖춘 다음 힘 있는 동작 등을 연결하여 교육하면 효과적이다. 발차기는 겨루기를 하기 위한 발차기도 있겠지만 순수하게 발차기만을 위한 발차기로 보는 것도 필요하다.

1. 발차기 자세 지도(예시)

이렇게까지 디테일하게 지도해야 하나 싶지만, 이렇게까지 디테일하게 지도해도 부족할 때가 있다.

발차기 자세-발차기 나가는 과정 설명-발차기가 나가는 과정에 스치는 부위 설명-무릎의 높이를 설명-발을 차는 타이밍-차면서 발목의 모양-차고 난 후 무릎의 움직임 지도-제자리로 돌아올 때 자세 설명-다시 자세

2. 발차기 종류

(1) 기본 발차기

앞 차기-몸통 돌려 차기-얼굴 돌려 차기-옆 차기 몸통-옆 차기 얼굴-내려 찍기-뒤옆 차기/뒤돌아 옆 차기-뒤 후려 차기-턴 차기/돌개 차기-반달차기 안쪽(안쪽에서 바깥쪽으로)-반달차기 바깥쪽(바깥에서 안쪽으로)-빠른 발 몸통 차기-빠른 발 얼굴 차기-나래 차기/따블 차기 몸통-나래 차기/따블 차기 얼굴-앞발 나래 차기/따블 차기 몸통-앞발 나래 차기/따블 차기 얼굴-커트발-앞 밀어 차기 등이 있으며 수비 발차기는 기본 발차기를 중심으로 다양하게 응용하여 지도할 수 있고 수비로 모두 가능하도록 지도하는 것만으로도 충분하다.

(2) 연결/전술 발차기

기본 발차기와 수비 발차기로 연결을 만들어 가능하고 상황에 따른 전략적 기술을 복합적으로 사용 가능하다. 대부분 발차기가 좋아도 상황에 따른 경험이 없어서 겨루기 수업 시 활용하기 어려워한다. 기본 발차기와 수비 발차기 등 연결 발차기를 배우기 시작했다면 상황에 따른 발차기를 위해서도 안전한 겨루기 접근을 할 수 있도록 한다.

※ 모든 발차기 지도 시 동작의 끝까지 이어 갈 수 있도록 지도하여 동작의 근력을 기를 수 있도록 한다(예: 기술 발차기 시 끝까지 차는 연습을 통해 근력과 습관을 만들 수 있다).

• 격파

최근에는 국내에도 격파가 많이 활성화되었고 단체에서도 활동을 하며 태권도의 위상과 확대를 위해 노력하고 있다. 국내 태권도 격파팀으로는 거인회, 일격회 등이 있고 공연에도 함께하며 하나의 문화로 자리 잡은 것을 알 수 있다.

• 기타 운동/활동

줄넘기, 훌라후프, 뜀틀, 스텝 박스, 보수, 밴드 운동, 케틀 벨, 아령 운동, 학교 체육(축구, 야구, 피구, 줄넘기, 배드민턴, 테니스, 수영, 농구, 앞/뒤 구르기, 옆 돌기, 제자리멀리뛰기, 멀리뛰기, 좌전굴 등)

※ 여러 가지 운동에 대한 접근은 《지도자의 결》에도 참고할 수 있도록 간단하게 적혀 있다.

• 콘텐츠 응용

　현재 AI, 애니메이션 등 국내에는 많은 단체에서 유용한 콘텐츠가 개발되었고 많이 알려져 사용 중이다. 지도자는 늘 배우고 연구하는 자세로 시대적 흐름을 알 수 있어야 하다 보니 이런 부분을 공부하는 것만으로도 또 다른 영감을 얻을 수 있다. 영상의 경우 지도자 스스로 직접 제작하는 경우도 있지만 부담되지 않은 비용으로 구매하여 적용 가능하다.

※ 네이버 밴드에서 검색 가능하다(빅토리짐, 챔피언태권도 등).

• 도구 활용

　도구는 수련생에게 흥미와 집중력 실력까지 모두 도움이 되는 제품들이 많다. 현재 현장에서 사용 중인 제품들을 보면 다음과 같다. 타툴 TATTOL, 물팩, 파워건, 도미노, 스펀지봉, 줄, 리듬 트레이닝 제품 등.

• 연맹과 다양한 단체에 가입

　대한민국 품새 팀, 겨루기 팀, 격파 팀, 시범, 태권 체조 등 교육적인 팀부터 도장 성장을 위한 도장 경영을 배울 수 있는 단체, 교육 프로그램을 제공받는 단체 등 다양한 형태로 세분화된 훌륭한 단체와 팀들이 있다.

• **뉴-스포츠/레크레이션**

활동의 자유와 경쟁보다는 즐거움의 색이 강하고 개인의 기호나 태도도 중요시된다. 맨몸, 교구, 장소까지 활용한다. 뉴-스포츠의 경우 올림픽 등 국제 경기에서 공식 채택하지 않은 종목과 대중적인 스포츠 종목을 결합하거나 응용하여 만들었고, 신체 활동이 될 만한 운동은 모든 것이 뉴-스포츠가 될 수 있기에 경쟁보다는 협동과 화합 즐거움과 신체 활동의 움직임에 중점을 둔다.

눈 가리고 술래잡기	테니스
태권도 자세 무궁화꽃이 피었습니다	단체 줄넘기
무궁화꽃이 피었습니다	이어달리기
일반 피구/공수 피구	손수건 민첩성 게임
축구	야구/발야구
술래잡기	

• **주말 프로그램, 특강 및 행사**

다양한 참여 기회와 경험은 최고의 교육 중 하나이다. 보고 듣고 느낄 수 있는 다양한 현장 활동은 무엇보다 중요하다. 어린아이들은 놀이터에서 흙을 만지고 자유롭게 창의성을 발휘한다. 부정적인 것을 먼저 보기 이전에 긍정적인 것을 보고 활동하는 시간이 필요하다.

친구 초청 영화/행사	등산
체험 행사	대회 참가 및 참관
하계 여름 행사	도장 자체 대회(예: 피구)
떡볶이/어묵/아이스크림	1박 2일 합숙/미니 합숙
동계 스포츠	

• 특강/이벤트 데이(월별)

주제별 특강을 진행 시 신청하는 인원이 적지 않다는 것을 알아야 한다(예시: 겨루기, 품새, 유연성, 아트고, 국기원 품/단, 기타 자격증).

특강	이벤트 데이/(월별)
국기원 품/단	가족 대회
자격 과정	수련생 생일
다이어트/몸짱	도장 자체 대회
품새/겨루기/시범 특강	각종 월별 기념일
줄넘기	국가 지정일 행사
익스트림	달력 기반 행사
태권 체조 등	

• 부별

1. 유치부

- 태권도장은 하나의 사회 공간이고 또 하나의 사회적 규칙을 몸으로 직접 느끼며 배우는 훌륭한 곳이다. 도장에서 질서 및 규칙을 준수하는 것만으로도 사회성 발달, 단체 활동의 적응력이 향상되는데 아이들의 눈높이가 가장 중요하고 '지도자는 연기자가 되는 시간'이기도 하다.

"보호받고 안정감을 느끼며 마음을 느낄 수 있도록 정성을 다한다."

(1) 태권도 수련 프로그램

기본 동작, 품새, 겨루기, 격파(유치부용), 호신술, 무기술, 태권 체조, 음악품새, 영상 교육 등

(2) 사회성 향상 프로그램

급수별 발표력, 현장 체험 학습, 계절 캠프, 각종 태권도 행사 및 대회 참여 및 참가

(3) 인성/예절 MIND 프로그램

MIND 감성 교육, 50가지 주제별 인성 교육, 예절 교육, 국가 지정일 교육, 영상 교육

(4) Special 키 성장 발달 프로그램

성장 체조, 키 크기 체조, 스트레칭, 태권 요가, 점프 활동, 성장판 자극 활동, 이루다만의 특별 성장 운동, 성장 체조, 성장 커플 체조, 신체 성장, 비만 개선, 근지구력, 평형 감각, 유연성, 자신감, 의지력, 관절 발달

(5) 체육 활동 프로그램

유아 체육, 해외 뉴-스포츠(경쟁보다는 협동과 신체 활동), 줄넘기, 매트, 뜀틀, 공 활동, 풍선, 평균대, 훌라후프, 달리기, 대줄넘기 등

"유치부만 하더라도 이렇게나 다양하고 많은 프로그램이 있지만 지도자가 이 많은 것을 숙지하고 전문가로서 교육할 수 있다면 성장기 과정에 안정감 있게 배울 수 있을 것이다. 지도자의 격이 받쳐 줄 때 도장의 선순환은 자연스럽게 따라온다. 결국 잘 교육해야 한다는 것은 많이 교육하는 것을 말하는 것이 아닌 스승이 모범이 되어 여러 가지 상황에도 안정감 있게 교육받을 수 있도록 하는 것은 아닐까 생각한다."

2. 초등부, 중고등부, 일반부

- 교육의 기본은 양질의 교육 준비와 계획이다. 태권도에 대한 이해와 태권도를 통한 신체 활동을 늘리고 건강한 신체와 정신, 문화를 경험할 수 있도록 지도하지만, 다른 스포츠에서도 제공할 수 있고 전달할 수 있는 것을 우리가 목소리만 높인다고 되는 것

이 아니듯 말이다. 지도자는 도장에서 즐길 수 있는 특별한 문화를 만들 것을 추천하고 그것을 즐길 수 있는 환경을 선물해야 한다. 단순히 파자마 파티를 기획하고 전 연령이 즐기는 문화라고 고집해서는 특별한 문화라고 말하기 어려울 수 있다.

또한 목적과 목표에 대한 준비 등을 난이도에 따라 제공하는 것을 게을리하지 않도록 한다. 앞서 설명하였듯이 제각각 다른 제자들을 하나의 공통된 목표로 설정할 것이 있고 그렇지 못하는 것들이 있다. 개인별, 그룹별 등 세분화된 목표는 준비하는 과정에서 꿈을 꿀 수 있는 방향을 제시하기도 한다. 마지막으로 모든 아이들이 사회 구성원으로서 소외받지 않고 올바른 공동체 활동으로 건강한 성장에 도움이 되도록 늘 신경 쓴다.

다음을 준비하며

《지도자의 격》은 대한민국 도장 창업 참고서 국내 1호라는 틈새를 공략하여 포지셔닝을 했습니다. 태권도장 서적 중 창업과 지도자를 위한 서적이 없던 이유에서인지 많은 분들의 관심과 애정에 행복한 기억을 간직하고 있습니다. 다시 한번 감사의 마음을 전합니다.

책을 출간하고 1년 후 또 하나의 도장을 오픈했습니다. 저출산, 시장 붕괴, 소비 위축 등 어려운 키워드 속에서 1년이 아닌 6개월 만에 100명이 넘는 사람이 상담 후 등록하며 《지도자의 격》이 말뿐이 아니라는 것을 증명하게 된 시간이었습니다. 열정과 상관없이 안정된 시스템을 위해 노력했고 부족하거나 개선해야 하는 상황에는 지체 없이 잠을 줄여서라도 개선했습니다. 보이는 노력과 보이지 않는 노력 그 무엇보다도 중요한 것은 나를 찾아 준 사람들에게 최선을 다하는 책임감이었습니다.

인간이기에, 사람이기에, 모든 것이 완벽할 수 없기에 매일 노력해야 하는 이유는 분명했고 충분했습니다. 간절하게 매달렸고 치열하게 하루를 보냈습니다. 오전부터 밤까지는 제자들을 지도했고 새벽과 아침을 맞이하며 글을 적었습니다. 과로에 온몸이 부서질 듯한 통증을 느끼기도 했고 눈 밑까지 터져 가며 원고를 써 내려갔습니다. 최선을 다했을 때 발전할 수 있다는 믿음이 있었고 간절한 누군가에게 힘이 되는 글이 된다면 충분했습니다.

그리고 이제부터가 진짜 실력으로 갖춰 가야 할 시간, 한 명의 지도자로서 헌신적인 노력이라는 것의 기준은 저마다 다르겠지만 게으름은 죄악이라 생각하며 노력을 합니다.

아직도 해결해야 할 핸드폰 속 수백 개의 질문들,
"게으름은 없었나?"
"더 좋은 환경을 위해서는 무엇을 해야 하는 걸까?"
"현재 효율적인 것은 무엇이고 개선할 것은 무엇인가?"
"어떻게 더 좋은 문화로 선물할까?"

'결'이 마음의 변화를 만들어 내도 결과를 완성할 수 없듯이 '결'을 넘어 '격'으로 갖춰 가야 합니다. 좋은 '지도자의 결'과 '남다른 실력의 격'으로 인정받으며 존중받는 지도자로 승승장구하기를 진심으로 바랍니다.

이 책을 완성하기까지 많은 분들의 도움이 있었습니다. 이런 삶을 존중해 주며 멈추지 않도록 힘을 주는 아내 지은이, 딸 서진이, 아들 도윤이와 응원해 주신 장모님과 장인어른 그리고 멀리 있어도 가슴 속 부모님께 감사의 마음을 전합니다.
그리고 이루다를 단단하게 지키며 성장하고 있는 모든 지도진분들과 팀들이 있기에 가능했습니다.

앞으로도 부정이 들어오지 못하는 건강한 노력으로 만들어 가겠습니다.

감사합니다.

지도자의 결을 넘어 지도자의 격으로

박강순